Frauke Bielefeldt

Die Sache mit der Rippe

Die himmlische Idee von den Geschlechtern

Über die Autorin

Frauke Bielefeldt hat Theologie studiert und für verschiedene christliche Zeitschriften gearbeitet. Als Autorin hat sie sich mit dem Buch „Wie ein Schmetterling im Käfig“, einem Ratgeber für chronisch kranke Menschen, einen Namen gemacht.

Frauke Bielefeldt

Die Sache mit der Rippe

Die himmlische Idee von den Geschlechtern

Gerth Medien

Die zitierten Bibelverse wurden zum überwiegenden Teil von der Autorin übersetzt.

Weiterhin wurden folgende Übersetzungen verwendet:

Lutherbibel, revidierter Text 1984, durchgesehene Ausgabe in neuer Rechtschreibung. © 1999 Deutsche Bibelgesellschaft, Stuttgart. (LÜ)

Gute Nachricht Bibel. Revidierte Fassung, durchgesehene Ausgabe in neuer Rechtschreibung. © 2000 Deutsche Bibelgesellschaft, Stuttgart. (GN)

Best.-Nr. 816 158
ISBN 978-3-86591-158-2

1. Auflage 2007
Umschlaggestaltung: Hanni Plato
Umschlagfoto: Getty Images, Marvin E. Newman
Satz: Mirjam Kocherscheidt; Gerth Medien GmbH
Druck und Verarbeitung: Ebner & Spiegel, Ulm
Printed in Germany

Inhalt

Eine himmlische Idee und ihre irdische Umsetzung

Frausein ist heute gar nicht so einfach.

Brave Mädchen stehen ja nicht mehr hoch im Kurs, aber mögen und lieben soll man uns doch. Und respektieren natürlich, denn schließlich stehen wir im Beruf genauso unsere Frau wie die Herren der Schöpfung. So hetzen wir in unserem Alltag zwischen Arbeit, Familie, Freunden und anderen Aktivitäten hin und her. Zwischendurch noch schnell ins Fitness-Studio oder zum Friseur, schließlich wollen wir ja auch noch einigermaßen gut aussehen. Im Job jung, dynamisch, erfolgreich – privat die liebevolle Mutter und attraktive Liebhaberin. Kompetent rüberkommen – ohne als Emanze verschrien zu werden, versteht sich. Unabhängig sein – und doch die anschmiegsame Geliebte. Manchmal kommen wir selbst nicht mehr hinter dem her, was wir alles sein wollen. Wer da nicht mitmacht, gilt schnell als konservativ und langweilig.

Zugegeben, Mannsein erscheint mir heute auch nicht gerade einfacher zu sein. Bloß kein Macho sein, aber auch nicht als Softie entlarvt werden. Hält ein Mann einer Frau die Tür auf, wird ihm das unter Umständen als väterliche Arroganz ausgelegt, während er natürlich rücksichtslos wirkt, wenn er es bleiben lässt. Beruflicher Ehrgeiz wird als Egoismus angesehen, doch emotionale Qualitäten wie eigene Gefühle auszudrücken oder sich in andere hineinzuversetzen bringen meist auch keine Lorbeeren ein – weder beim eigenen noch beim anderen Geschlecht. Das fordert nämlich zu den unpassendsten Gelegenheiten auf einmal wieder „richtige Männer". Es gibt wahrscheinlich kaum etwas, womit eine Frau einen Mann so verunsichern kann, wie mit diesem Satz: „Sei doch mal ein Mann!"

Während Frauen atemlos den Spagat zwischen Karrierefrau, Partnerin und Familienmanagerin zu meistern versuchen, wissen Männer oft gar nicht mehr, nach welchem Ideal sie sich noch ausrichten sollen. Also ist mann einfach man selbst – und landet mit einem Bier in der Hand vor dem Fernseher.

Wir sind ganz schön verwirrt. Feste Rollenbilder gelten in unserer Gesellschaft als überholt, aber ganz ohne einen neuen Kompass kommen wir auch nicht weiter. Was können wir noch vom anderen Geschlecht erwarten? Welche Erwartungen stellt es an uns? Wie reagieren wir darauf? Was sind wir bereit zu geben? Und wie kann es überhaupt funktionieren, dass Frauen und Männer miteinander auskommen?

Die Beziehung der Geschlechter zueinander ist in unserer Gesellschaft wieder hochaktuell. 2005 war das Jahr, in dem Angela Merkel zur Regierungschefin gewählt wurde. Das Wort „Bundeskanzlerin" wurde zum „Wort des Jahres" ernannt. Zum „Unwort des Jahres" wäre beinahe das Wort „Ehrenmord" auserkoren worden. Krasser können Moderne und – in diesem Fall arabische – Tradition kaum aufeinanderprallen.

Ein Jahr später, 2006, war das Jahr der großen Aufregung um Eva Hermans Buch „Das Eva-Prinzip". Die prominente Frau, die es gewagt hatte, ihre Karriereorientierung als Fehler zu bezeichnen und zu bedauern, nicht schon viel eher ihre Priorität auf ihre Familie gesetzt zu haben, wurde überschüttet mit öffentlicher Entrüstung und erbitterter Häme. Man könnte meinen, sie hätte die Grundfesten unserer aufgeklärten Gesellschaft ins Wanken gebracht. Besonders tolerant war das alles nicht, und es wurde wieder einmal deutlich, dass wir eine sachliche Diskussion über die Geschlechterbeziehung dringend brauchen.

Auch Christen stehen vor diesen Fragen. Viele fühlen sich von den alten Zöpfen des traditionellen Frauenbildes abgestoßen und suchen nach neuen Möglichkeiten, Partnerschaft, Familie und Beruf miteinander zu vereinbaren. Die Gemüter erhitzen sich explosionsartig, wenn wir darüber diskutieren, welche Leitbilder in der Bibel zu finden sind. Wir suchen nach einem Platz in unserer modernen Gesellschaft, an dem wir Gottes Absichten umsetzen können, ohne einem hohlen Konservatismus hinterherzurennen oder uns vom Strom der Zeit einfach mitreißen zu lassen.

Gibt es in der Bibel überhaupt *das* Bild von Frauen und Männern? Je länger ich mich mit den verschiedenen biblischen Texten beschäftige, in denen es um das Geschlechterverhältnis geht, desto deutlicher sehe ich, wie diese Stellen jeweils in eine bestimmte gesellschaftliche Situation hineinsprechen. Im Alten Ägypten beispielsweise hatten Frauen andere Rechte, Pflichten und Probleme als in antiken Multikulti-Großstädten wie Ephesus oder Korinth. Wenn Gottes Wort nun durch die Verfasser der biblischen Schriften in die konkrete Lebenswirklichkeit der Menschen hineinspricht, so wirft es meistens nicht gleich sämtliche gesellschaftlichen Strukturen über den Haufen.

Umso spannender ist es, dass wir in der Bibel eine Situation vorfinden, die noch ganz unberührt von gesellschaftlichen Veränderungsprozessen war: genau, die Geschichte von Adam und Eva, die Sache mit der Rippe! Hier haben wir Gottes Idee von den Geschlechtern in Reinform vor uns, und die ist einfach himmlisch! Der Text beschreibt die ursprüngliche Absicht, die Gott hatte, als er die Menschheit in zwei Geschlechtern erschuf. Ist es nicht aufregend, dass wir ihm dabei gewissermaßen über die Schulter schauen können?

*

In diesem Buch wollen wir einmal ganz zurück an den Anfang der Menschheitsgeschichte gehen. Ich beschäftige mich schon einige Jahre lang intensiv mit dem Schöpfungsbericht und kann nur immer wieder über die zeitlose Weisheit staunen, die in diesen wenigen Zeilen verborgen liegt. Bei meinen Betrachtungen werde ich die beiden Teile des Schöpfungsberichtes (also die 7-Tage-Erzählung und die Geschichte von Adam und Eva) als Einheit behandeln. Ich bin überzeugt davon, dass hier nicht zwei verschiedene Berichte vorliegen, sondern dass der zweite Teil die Gesamtschau des ersten Teils ergänzen soll, wie es für Geschichtsschreibung im Vorderen Orient üblich gewesen ist.[1]

Während also der erste Teil (1. Mose 1,1–2,4, behandelt im 2. Kapitel dieses Buches) den Rahmen bildet, der den Geschlechtern nur einen kleinen Absatz widmet (1. Mose 2,5–25), nimmt der zweite Teil des Schöpfungsberichtes das Geschlechterverhältnis genauer unter die Lupe. Das Bild, das hier entworfen wird, werden wir uns Stück für Stück anschauen und mit den Vorstellungen vergleichen, die sich in unserer Kultur festgesetzt haben (3. bis 7. Kapitel). Ich kann Ihnen schon jetzt versprechen, dass wir dabei auf einige hochinteressante Missverständnisse stoßen werden!

An manchen Textstellen werden wir ganz schön tief graben müssen, um auf die Bedeutung der biblischen Worte zu stoßen. Aber die Mühe wird sich lohnen, denn wenn wir erst einmal klar vor Augen haben, was da eigentlich steht (und was damit *nicht* gemeint ist), wird es viel einfacher sein, das Gesagte zu verstehen. Mit unseren Schlussfolgerungen können wir natürlich auch mal danebenliegen. Doch je genauer wir das biblische Gesamtbild kennen und seinen „Geist" erfasst haben, desto mehr schrumpft die Gefahr, dass wir die Einzelheiten falsch interpretieren.

Danach werden wir das Bild, das wir entwickelt haben, zwei Vergleichen aussetzen: Zum einen werden wir uns das zerbrochene Bild anschauen müssen, das in der anschließenden Sündenfallerzählung gezeichnet wird (8. Kapitel). Noch heute bestimmen die Auswirkungen dieser Geschichte unsere Realität. Zum anderen werden wir unsere Entdeckungen mit dem vergleichen, was der Apostel Paulus im Neuen Testament über die Frauen geschrieben hat (9. Kapitel). Auch in diesen Kapiteln warten vermutlich gleich mehrere Überraschungen auf Sie.

Nachdem wir auf diese Weise unseren Blick für das Bild, das im Schöpfungsbericht gezeichnet wird, geschärft haben, können wir die Landschaft näher erkunden, in der wir heute leben (10. und 11. Kapitel). Dazu werden wir uns mit unseren jüngeren geschichtlichen Wurzeln beschäftigen, die sowohl in der Tradition des christlichen Bürgertums als auch in den Entwicklungen des Feminismus und der emanzipatorischen Frauenbewegung liegen. Am Schluss werden wir die Fundstücke unserer Expedition zusammensetzen und auswerten (12. Kapitel).

Dieses Buch wird Ihnen nicht sagen, was Sie zu tun haben. Stattdessen will es Sie auf eine Entdeckungsreise durch den Schöpfungsbericht mitnehmen. Dort wird ein Bild von Mann und Frau entworfen, das sich nicht nur auf Ehe und Partnerschaft beziehen lässt, sondern eine Grundlage dafür liefert, wie das Verhältnis zwischen den Geschlechtern auf der Erde gedacht war. Mein Vertrauen und meine Hoffnung ist, dass die Schönheit und Dynamik dieses biblischen Bildes auch Sie dazu inspirieren wird, etwas von dieser himmlischen Idee in Ihrem Leben zur Entfaltung zu bringen.

Kapitel 1

Der große Scherbenhaufen

Lassen Sie mich unsere Reise mit einem kleinen Gleichnis beginnen.

Wir sitzen auf einem riesigen Scherbenhaufen. Es ist entsetzlich viel schiefgelaufen zwischen den Geschlechtern. Jedes Mal, wenn ein Mann einer Frau Gewalt angetan hat, eine Frau einen Mann hintergangen oder ein Paar sich bekriegt hat, ist wieder Vertrauen zu Bruch gegangen. Aber auch Worte des Hasses und der Abwertung haben viel Porzellan zerschlagen. Wer verletzt wurde, hat zurückgeschlagen. Mit jedem zerbrochenen Traum sind neue Scherben mit scharfen Kanten entstanden.

Über die Jahrhunderte hinweg haben sich die Scherben angesammelt und sind langsam zu einer riesigen Halde angewachsen, auf der die Menschen nun wohnen. Viele wissen gar nicht, auf welchem Boden sie eigentlich leben. In den letzten Jahren hat sich eine feine Staubschicht gebildet, sodass man Entwarnung für das Scherbenproblem gegeben hat und glaubte, dass nun alles in Ordnung sei. Aber die Schicht ist dünn, und die Menschen verletzen sich immer wieder an der einen oder anderen Scherbe, die dicht unter der Oberfläche liegt. Wer genau hinsieht, erkennt, dass ihre Haut von Narben und Schnitten übersät ist. Und täglich kommt neuer Scherben-Müll dazu, der wieder neue Wunden aufreißt …

Die beiden Hügel und die weite Ebene

Vor einigen Jahrzehnten haben besonders Eifrige ein paar Scherben aufgesammelt und sorgfältig übereinandergestapelt. Auf diese Weise sind auf dem großen Scherbenhaufen zwei kleine Erhebungen entstanden, auf die sich die Menschen zurückgezogen haben.

Auf dem einen Hügel sitzen Männer in Pullundern (oder ordentlichen Anzügen) und Frauen, die Kittelblusen tragen und mit Staubtüchern wedeln. Auf der Spitze des Hügels haben diese Menschen ein Schild aufgestellt. „Tradition" ist darauf in großen Lettern zu lesen. Die Menschen auf dem anderen Hügel sind ganz anders angezogen: Manche Frauen tragen wallende bunte Kleider, andere haben kurze Haare und tragen enge Hosen. Die wenigen Männer, die sich hier niedergelassen haben, wirken teilweise recht unscheinbar oder sehr gebildet – oder beides. Auch auf diesem Hügel haben die Leute ein Schild aufgestellt. Darauf ist das Wort „Emanzipation" zu lesen. Mit diesem Begriff wollen sie deutlich machen, dass Frauen in unterdrückenden Strukturen stecken, aus denen sie endlich ausbrechen sollen.

Die Menschen auf diesen beiden Hügeln stehen in erbittertem Krieg um die Meinungshoheit auf dem großen Scherbenhaufen. Die Leute vom Emanzipationshügel verteilen Flugblätter, die üble Feindbilder der Tradition zeichnen, und setzen sich vehement dafür ein, dass ihre Losungen zu Leitbildern für alle werden, während die Bewohner des Traditionshügels den guten alten Zeiten nachtrauern, in denen ihre Lieblingsbilder noch auf dem ganzen Scherbenhaufen anerkannt waren.

Zwischen den beiden Hügeln auf dem großen Scherbenhaufen erstreckt sich eine weite Ebene. Viele, vor allem jüngere Menschen stapfen hier zwischen den Scherben herum und können sich nicht recht entscheiden, auf welchem Hügel sie sich niederlassen sollen. Denn inzwischen ist es eng geworden an diesen beiden Zufluchtsorten. Die Leute damals waren froh, ein sicheres Plätzchen gefunden zu haben, wo sie sich nach Möglichkeit nicht ständig an den scharfen Kanten blutig schnitten. Sie haben Kinder bekommen und manche ihrer Kinder sind auch dortgeblieben. Aber die meisten sind irgendwann von ihrem Hügel heruntergeklettert, weil sie gespürt haben, dass sie dort nicht so richtig hinpassen.

Manche sind vom Traditionshügel auf den Emanzipationshügel geklettert oder stammen vom Emanzipationshügel und haben sich dann auf dem Traditionshügel umgesehen. Aber auch auf dem anderen Hügel wollte kaum einer bleiben. Die Klarheiten, die die „Traditionshügler" einst auf dem ganzen Scherbenhaufen verkündeten, gibt es nicht mehr, aber mit den Feindbildern, die die „Emanzipationshügler" verbreiten, können sich viele auch nicht anfreunden. So haben sich die Menschen auf die Suche nach einem eigenen Lager gemacht und irren alleine oder in kleinen Grüppchen zwischen den beiden Hügeln umher, jeder mit ein paar Scherben in der Hand, aus denen er sein neues Mosaik zusammensetzen will.

Einige wollen endlich verstehen, wie es zu dem Scherbenhaufen gekommen ist, und haben angefangen, in dem Scherbenfeld herumzubuddeln. Ganze Ausgrabungsteams haben sich an die Arbeit gemacht und interessante Dinge zutage gefördert: weggeworfene Gegenstände, Papierfetzen und unzählige bemalte Scherben. Manche Bruchstücke liegen ganz dicht beieinander, andere sind weit verstreut oder befinden sich in unterschiedlichen Ablagerungsschichten.

Dabei hat sich gezeigt, dass sich einige der Scherben zu Bildern zusammenfügen lassen. Sie haben alle das gleiche Thema: die Beziehung zwischen Männern und Frauen. Manche dieser Bilder zeigen das Motiv in Nahaufnahme, andere bilden ganze Gruppen von Männern und Frauen ab und stellen in bunten Farben dar, wie die beiden Geschlechter zueinander standen. Man vermutet, dass dies die alten Leit- und Feindbilder sind, die für die Entstehung des großen Scherbenhaufens gesorgt haben. Manche Bilder scheinen weitverbreitet gewesen zu sein, während andere in jeder Kultur ein bisschen anders ausgesehen haben.

Neben diesen Scherben fanden die Ausgrabungsteams verschiedene Gebrauchsgegenstände, mithilfe derer sie die meisten Fundstücke recht gut datieren konnten. So wurde es möglich, die Geschichte des großen Scherbenhaufens zumindest teilweise zu rekonstruieren.

Das große, alte Bild

Unter den vielen Bildern, die die Forscher restauriert haben, befindet sich ein besonders schönes und großes. Es ist extrem alt, wahrscheinlich genauso alt wie der Scherbenhaufen selbst. Man hat auch Holzleisten gefunden, die offenbar zum Rahmen des Bildes gehören. Auf diesem rekonstruierten Rahmen sind sieben kleine Darstellungen zu sehen. Die sechste von ihnen zeigt in

Miniatur einen Mann und eine Frau, dieselben Menschen, die auf dem Gemälde ausgearbeitet sind.

Die Grundzüge dieses alten Bildes scheinen den Menschen schon immer bekannt gewesen zu sein, denn man hat in allen Ausgrabungsschichten Nachdrucke und Kopien gefunden. Jedoch haben die Forscher eine Menge Details in diesen späteren Darstellungen entdeckt, die zum Teil ganz erheblich vom Original abweichen. An einigen Stellen sind Züge des Bildes verwischt, an anderen Stellen großzügig gemalte Flächen durch zusätzliche Details ergänzt worden – ganz nach dem Geschmack der jeweiligen Zeit.

Auf den ältesten Nachbildungen hat sich eine kleine Rippe in die Darstellung eingeschlichen, ein Detail, das auf dem ursprünglichen Bild nicht zu erkennen war. Später wurde das Original weiter verfälscht. So stellten die Maler die Frau immer furchterregender dar. Währenddessen entwickelte sich das Größenverhältnis der beiden dargestellten Menschen immer weiter auseinander. Waren auf dem Original Mann und Frau noch in der gleichen Größe abgebildet, ist die Frau auf späteren Reproduktionen häufig stark verkleinert worden.

In jüngerer Zeit wurden Massen von Nachbildungen produziert, die den Mann in der Firma und die Frau am heimischen Herd zeigen, obwohl diese Details auf dem großen, alten Bild gar nicht zu sehen sind. Auf anderen Bildern sitzt ein Mann mit aufgestützten Armen in einem Lehnstuhl, während seine Frau dicht hinter ihm steht. Auf dem Traditionshügel steckt man diese Nachbildungen in verzierte Goldrähmchen. Auf dem Emanzipationshügel pinnt man sie dagegen an die Wand und zielt mit Dartpfeilen darauf.

Übrigens ist von demselben Maler, der das Original geschaffen hat, noch ein zweites Gemälde erhalten. Auf diesem Bild sind dieselben Figuren zu sehen wie auf dem ersten. Doch es scheint so, als ob sich ein böser Geselle heimlich in die Werkstatt geschlichen und in dieses Bild hineingepfuscht hat. Dadurch wirkt das Gemälde im Gegensatz zum ersten sehr spannungsgeladen. Neben dem Mann und der Frau sind eine Schlange und ein Baum wichtige Elemente der Darstellung. Auch von diesem Bild wird noch die Rede sein.

In manchen Grabungsschichten hat man übrigens Bilder aus verschiedenen Kulturen gefunden, die dem Original zum Teil sehr ähnlich sehen. Nun streiten sich die Gelehrten darüber, ob sie das Alter des großen, alten Bildes korrekt bestimmt haben und wer von wem abgemalt haben könnte. Ich persönlich befasse mich lieber mit dem originalen Bibelbild. Es ist durch alle Zeiten hindurch am häufigsten verwendet worden, wie Millionen von Fingerabdrücken auf der Bildoberfläche ergeben haben. Außerdem kann man unten in einer Ecke die Künstlersignatur lesen: „der Schöpfer“. Wer dies für eine Fälschung hält, ist vielleicht trotzdem neugierig darauf, was nun im Detail auf dem Bild zu sehen ist.

Kapitel 2

Der gemeinsame Auftrag

Legen wir also los mit unserer Betrachtung des großen, alten Bildes, das auf den ersten Seiten der Bibel entworfen wird! Bevor wir überhaupt Einzelheiten über Adam und Eva erfahren, stoßen wir schon im ersten Kapitel der Bibel auf eine zentrale Aussage über Mann und Frau:

> **Und Gott schuf den Menschen nach seinem Bilde, zum Bilde Gottes schuf er ihn, und zwar als Mann und Frau.**
> 1. Mose 1,27

Dieser Vers stammt aus dem ersten Teil des Schöpfungsberichtes und bildet den inhaltlichen Rahmen für die im zweiten Kapitel geschilderte „Rippengeschichte". Schritt für Schritt baut Gott die Welt auf: Licht, Trennung von Wasser und Himmel, Trennung von Festland und Gewässern, Flora, Fauna. Und nun der Mensch. Aber eben nicht einfach *der* Mensch, sondern *die* Menschen: „Mann und Frau". Von Anfang an gibt es den Menschen nämlich nur als geschlechtliches Wesen, als Mann oder Frau.

Das bedeutet zwei sehr wesentliche Dinge: Erstens ist die Geschlechtlichkeit einer der Grundzüge des

Menschseins überhaupt, und zweitens lässt sich vermuten, dass sich innerhalb des Menschseins Mannsein und Frausein grundsätzlich voneinander unterscheiden. Gott schuf die Menschheit nicht als „Erwachsene und Kinder", „Weiße und Schwarze" oder „Pessimisten und Optimisten". Obwohl alle diese Merkmale wichtige Unterscheidungen abgeben können, wird hier gesagt, dass das fundamentale Unterscheidungsmerkmal ein anderes ist: das Geschlecht.

Wir sind geschlechtliche Wesen

Der Theologe Karl Barth hat es so ausgedrückt: „Der Mensch existiert nie und nirgends als Mensch an sich, sondern immer und überall als der menschliche Mann oder als die menschliche Frau."[1]

Dieses Geschlechterprinzip durchzieht die ganze Schöpfung: Nicht nur höhere Tierarten wie die Säugetiere, sondern auch Spinnen und Insekten existieren in Form von Männchen und Weibchen. Auch in den allermeisten Sprachen gibt es ein männliches und ein weibliches Geschlecht. Darüber hinaus haben viele alte Kulturen auch Handlungen, Gedanken und Gefühle nach einem männlichen und einem weiblichen Prinzip geordnet, so zum Beispiel im Fernen Osten und im Vorderen Orient. In orientalischen Sagen über die Entstehung der Welt werden beispielsweise kosmische Schauspiele entworfen, in denen sich das männliche und das weibliche Element begegnen, vereinen und damit Leben und Ordnung hervorbringen.[2] Psychologische Ansätze wie der von C. G. Jung beschäftigen sich ebenfalls stark mit dem fundamentalen Gegensatz von männlich und weiblich.

Man kann sich natürlich fragen, wie sinnvoll es ist, alles auf der Welt in „männlich" und „weiblich" aufzuteilen. Interessant finde ich hier, dass viele Menschen das Gegenüber der Geschlechter als ziemlich grundlegend für unsere Welt ansehen, auch wenn sie sich nicht bewusst an der Schöpfungsgeschichte orientieren. (Die gleiche Erkenntnis kann einem übrigens auch bei einem Gang auf eine öffentliche Toilette kommen ...)

Aus der Entwicklungspsychologie wissen wir heute, dass die geschlechtliche Identität ein Grundbaustein unseres Identitätsgefühls ist, der sich schon in den ersten Lebensjahren herausbildet. Ein geschlechtliches Wesen zu sein bedeutet, entweder Mann oder Frau zu sein und nicht etwa ein Neutrum. Wir reagieren anders auf die Menschen unseres eigenen Geschlechts als auf die des anderen, auch wenn wir uns nicht immer gleich verlieben müssen. Auch Kameradschaft, Elternschaft und Zusammenarbeit funktionieren anders. Unser Bild von uns selbst ist ein anderes, genauso wie das Gefühl für unseren Körper und unsere Umwelt.

Schauen wir uns die seelischen Nöte an, die viele Menschen heutzutage plagen, so werden wir feststellen, dass viele dieser Probleme mit unserer geschlechtlichen Identität zu tun haben: Transsexualität (das eigene Geschlecht wechseln), Homosexualität (Liebe zum gleichen Geschlecht), Unsicherheit in der Identität als Mann oder Frau, zum Beispiel wegen emotionaler Abwesenheit eines Elternteils oder sexuellen Missbrauchs, und damit verbundene Minderwertigkeitsgefühle und Lebensangst. Es ist heute nicht leicht, in seiner Geschlechtlichkeit wirklich anzukommen.

Im ersten Kapitel der Bibel finden wir eine Erklärung dafür, warum diese seelischen Erschütterungen so tief gehen können: Sie berühren das Fundament unserer Person. Gleichzeitig macht der am Anfang des Kapitels zitierte Vers Hoffnung, denn er zeigt, dass auch jeder von uns heute als Mann oder Frau gemacht ist, selbst wenn dieses Empfinden durch verschiedene Umstände verschüttet wurde. Niemand muss sich seine Geschlechtlichkeit herbeizaubern, sie kann immer *freigelegt* werden.

Wir sind verschieden

Hier kommt es zu einem ersten frontalen Zusammenstoß mit Leuten vom „Emanzipationshügel". Viele von ihnen gehen an die Decke, wenn auch nur ansatzweise die Unterschiede zwischen den Geschlechtern zur Sprache gebracht werden. Ihr Credo ist der Leitsatz aus dem Buch „Das andere Geschlecht" von Simone de Beauvoir: „Man kommt nicht als Frau auf die Welt – man wird es."[3]

Ende der 1940er Jahre hatte Simone de Beauvoir das Rollenbild von Frauen in der Gesellschaft untersucht und war zu dem Ergebnis gekommen, dass das angeblich „typisch Weibliche" keine Frage der Veranlagung sei, sondern reine Erziehung oder Prägung. Es werde vor allem deshalb als natürlich ausgegeben, um Frauen weiterhin in ihren sozialen Beschränkungen festzuhalten. Das Buch wurde zur „Bibel" des Feminismus, Simone de Beauvoir zu seiner Ikone.

Seitdem ist es jahrzehntelang geradezu tabu gewesen zu behaupten, es gäbe wesensmäßige Unterschiede zwischen den Geschlechtern. Das konnte sich höchstens ein Humorist wie Loriot erlauben, dessen Ehesketche mit Sätzen wie „Frauen und Männer passen einfach nicht zueinander" berühmt wurden. In der Wissenschaft galt jeder Unterschied als „soziale Zusprechung", das heißt, als etwas Anerzogenes. Die offensichtlich vorhandenen Verschiedenheiten der Geschlechtsorgane nannte man nun charmant den „kleinen Unterschied". Angestrebt wurde der *androgyne Mensch,* der Männliches und Weibliches in einer Person vereinen soll. Alles, was als typisch männlich oder weiblich galt, wurde verabscheut. (Kein Wunder, dass wir uns mit unserer geschlechtlichen Identität heute so schwertun!)

Viele Zuordnungen waren bis dahin auch allzu oberflächlich gewesen:

- „Männer sind sachlich, Frauen sind emotional."
- „Männer sind dominant, Frauen haben zu gehorchen."
- „Männer sind gut in Naturwissenschaften, Frauen begabt in Sprachen."

Wer in diese Schemata nicht hineinpasste, hatte halt Pech gehabt.

Meine Tante hat mir erzählt, wie sie kurz nach dem Zweiten Weltkrieg dafür gekämpft hatte, als Mädchen am Gymnasium in den altsprachlichen Unterricht gehen zu dürfen. Mein Großvater war der Meinung, dass ein Mädchen besser Französisch lernen sollte, anstatt seine Zeit mit humanistischer Bildung zu verschwenden. Aber meine Tante setzte ihren Kopf durch und stellte sich bei der Einteilung der Klassen unbemerkt in der Lateinschlange an. Als der Vater eine Zeit lang auswärts arbeiten musste, nahm er sie mit – damit sie sich bei der nächsten Klasseneinteilung nicht auch noch heimlich für Altgriechisch anmeldete. Später hat sie übrigens erst als Toningenieurin und dann als Mathe- und Physiklehrerin gearbeitet. Ihre Entscheidung gegen die modernen Fremdsprachen war kein Spleen gewesen.

Dieses kleine Beispiel zeigt, wie sich Frauen damals der gesellschaftlichen Korsette entledigen wollten. Doch auf der anderen Seite ergaben Forschungen immer deutlicher, dass es tatsächlich grundlegende Unterschiede zwischen den Geschlechtern gibt, die sich nicht einfach durch soziale Prägung wegerklären lassen. Allein was den Körperbau angeht, unterscheiden sich Männer und Frauen nicht nur hinsichtlich der Körpergröße und des „kleinen genitalen Unterschieds", sondern weichen auch im Aufbau von Skelett, Muskulatur, Haut und Brust erheblich voneinander ab. In den letzten Jahren hat die Hirnforschung zusätzliche Erkenntnisse über die unterschiedlichen Funktionsweisen des männlichen und weiblichen Gehirns hervorgebracht. Auch im geistig-seelischen Bereich entdeckte man viele Unterschiede: Männer sind im räumlich-abstrakten Denken begabter als Frauen, während das weibliche Geschlecht über eine größere kommunikative Kompetenz als das männliche verfügt, was beispielsweise daran deutlich wird, dass sich Frauen häufig besser in andere einfühlen und sich sprachlich besser ausdrücken können.

Heutzutage gibt es eine Menge populärer Partnerschaftsbücher[4] wie „Männer sind anders. Frauen auch" oder „Warum Männer nicht zuhören und Frauen schlecht einparken", die entscheidende Unterschiede zwischen den Geschlechtern aufzuzeigen versuchen: Männer wollen Probleme lösen, Frauen dagegen Konflikte; Männer spezialisieren sich gerne, Frauen haben die Fähigkeit, mehrere Aufgaben gleichzeitig anzugehen.

Eine andere grundlegende Verschiedenheit wird im Buch „Männer sind wie Waffeln – Frauen sind wie Spaghetti" erklärt: Bei Männern hat im Kopf alles ein Extra-Fach, bei Frauen hängt irgendwie alles miteinander zusammen. Dieser Wesensunterschied wird manchmal durch den Vergleich einer Kommode mit einem Kleiderschrank veranschaulicht: Bei einer Kommode zieht man, um an die einzelnen Sachen zu gelangen, jeweils eine andere Schublade hervor, während man bei einem Kleiderschrank eine große Tür öffnet – wobei einem unter Umständen alles Mögliche entgegenkommt. Ich habe solche Bilder schon oft als ziemlich hilfreich empfunden. Manches muss man einfach einmal (oder auch öfter!) gehört haben, bis es einem wie Schuppen von den Augen fällt, dass es wirklich stimmt: Das Gesprächsbedürfnis von Frauen ist im Durchschnitt größer, das sexuelle Erleben grundlegend anders usw. Wie Analphabeten lernen wir neu das Einmaleins der Geschlechterunterschiede.

Nehmen wir also mit: Es gibt tatsächlich eine Menge Unterschiede zwischen Männern und Frauen, auch wenn sie nicht immer den engen Schemata unserer Großeltern entsprechen.

Wir sind gleich viel wert

Schauen wir uns noch einmal die Menschen auf dem „Emanzipationshügel“ an. Manche von ihnen meinen also, dass alle angeblich typisch weiblichen und männlichen Eigenschaften ein reines Kunstprodukt seien. Andere erkennen die Existenz solcher Unterschiede zwar an, aber in ihren Augen ist das Weibliche wertvoller als das Männliche. Frauen sind friedfertiger, teamfähiger, erdverbundener und einfach die besseren Menschen. Sie kommunizieren besser, fördern das Leben, anstatt es durch Kriege oder Industrialisierung zu zerstören, und überhaupt sind sie nicht so primitiv wie die schwanzgesteuerten Männer – so lauten in etwa ihre Argumente.

Auf den Ruf nach einem weiblichen Zeitalter werden wir noch zurückkommen. Interessant ist zunächst, dass vielen schon beim Lesen der ersten Verse im 1. Buch Mose, in dem steht, dass Gott den Menschen als Mann und Frau schuf, das Messer in der Hosentasche aufgeht. Sie reiben sich entweder daran, dass das Männliche auf der gleichen Stufe steht wie das Weibliche, oder sie protestieren gegen die grundsätzliche Unterschiedlichkeit der Geschlechter, die in diesem Satz zum Ausdruck gebracht wird.

Dabei steckt in diesem Satz etwas Großartiges: Mann und Frau sind gemeinsam „zum Bilde Gottes geschaffen“. Das heißt ausdrücklich: Frauen können genauso etwas von Gott sichtbar werden lassen wie Männer. Und das, obwohl Jesus ein Mann war. Deutlicher kann man die Gleichwertigkeit der Geschlechter nicht herausstellen!

Auch die Leute vom „Traditionshügel“ haben diesen Satz der Bibel nicht besonders gut verinnerlicht. Die

Ereignisse um die Erschaffung der Frau und den Sündenfall wurden oft furchtbar frauenfeindlich ausgelegt. Parolen von der Minderwertigkeit der Frau waren gang und gäbe und sind tragischerweise oft gerade von Theologen aufgestellt worden. Auch diese Sätze werden wir uns noch genauer anschauen.

Wir haben einen hohen Auftrag

Männer und Frauen sind gleich viel wert, sie stehen auf der Leiter der Wertschätzung auf der gleichen Stufe. Diese Stufe ist unglaublich hoch: „Nach Gottes Bild" sind wir geschaffen! Viele deutsche Übersetzungen verwischen die Nuancen, die in den hebräischen Worten stecken. Wenn man genau übersetzt, könnte unser Satz auf Seite 19 auch so lauten:

„Und Gott schuf den Menschen *nach seinem Vorbild, als seinen Repräsentanten"*.

Mit dem Menschen wird die Schöpfung komplett; was vorher jeweils „gut" war, wird nun endlich mit dem Prädikat „sehr gut" ausgezeichnet (Vers 31).

Ist es nicht ungeheuerlich, dass wir Gott irgendwie ähnlich sehen sollen? In anderen Religionen werden Gottheiten durch Statuen repräsentiert, der Schöpfergott der Bibel lässt sich durch Menschen vertreten! Theologen haben bisher unglaublich viel darüber diskutiert, worin die Ähnlichkeit zwischen Gott und Mensch eigentlich bestehen soll: Sind es die geistigen Fähigkeiten (rationales Denken, Sprache und Kultur), die Entscheidungsfreiheit, die Beziehungsfähigkeit, der Gestaltungswille, die Kreativität, das Gewissen oder das moralische Bewusstsein? Sicher ist es nicht unser

Körperbau, denn der unterscheidet uns kaum von den Säugetieren, die ja nicht nach dem *Bilde* Gottes gemacht sind.

Viele dieser Apekte mögen in der Ebenbildlichkeit mitschwingen, aber ausdrücklich genannt wird in unserem Satz ein anderer Aspekt des Menschseins: die Dualität von Mann und Frau. Menschen haben gerade darin etwas von Gott an sich, dass sie in zwei Ausführungen existieren, die zusammen eine Einheit bilden.

Das lässt sich nur verstehen, wenn wir daran denken, dass Gott in sich selbst nicht nur der Vater ist, sondern auch der Sohn und der Geist. Die drei Personen (oder wie auch immer man es nennen will) kommunizieren permanent miteinander, das wird an sehr vielen Stellen in der Bibel deutlich. Gott selbst besteht aus einer Einheit mehrerer Personen. Diese Einheit sollen nun Mann und Frau widerspiegeln.

Als diese Spiegel *repräsentieren* wir Gott. Das heißt zum einen, dass wir etwas von seinem Wesen abbilden, zum anderen, dass wir an einer Stelle aktiv werden sollen: Wir haben die Aufgabe, den Fortbestand der Menschheit zu sichern und der Erde mit allen Pflanzen und Tieren eine Ordnung zu geben, wie es im weiteren Verlauf des Textes (1. Mose 1,28) heißt.

In unserem Satz steckt meiner Meinung nach auch, dass Frauen und Männer gerade *gemeinsam* Gottes Ebenbild darstellen können. Dementsprechend erteilt der Schöpfer seinen Auftrag dann auch an beide zusammen: „*Seid* fruchtbar ... und *herrscht* über Fische, Vögel etc." Das liegt nahe, wenn besonders die *Einheit* aus Mann und Frau etwas von Gott widerspiegeln soll. (Das Wort, das hier mit „herrschen" übersetzt wird, meint eine friedliche Herrschaft im Sinne von „managen", nicht etwa Gewalt oder Ausbeutung.)

Doch davon hört man viel zu wenig. Wenn irgendwo die Ebenbildlichkeit des Menschen erwähnt wird, geht es meist um die Menschenwürde jedes Einzelnen. Das ist ein toller Ausgangspunkt, aber ich denke, in diesem Satz steckt mehr. Mann und Frau sollen gemeinsam Gottes Wesen sichtbar machen – seine Liebe für die Welt, seine Sorge um das Wohl der Schöpfung, seinen Gestaltungswillen. Wir haben einen verantwortungsvollen Auftrag bekommen und wir sollen ihm gemeinsam nachgehen.

Das gemeinsame Ausführen von Gottes Auftrag beginnt übrigens schon bei der Entwicklung eines Kindes: Durch die Eltern bekommt das Kind ein erstes Bild von der Welt, das sich aus männlichen und weiblichen Anteilen zusammensetzt. Es ist hinreichend erwiesen, dass Kinder sowohl eine Mutter als auch einen Vater (bzw. eine männliche Bezugsperson) brauchen, um gesund aufzuwachsen. Erst durch das Miteinander (oder wenigstens Nebeneinander) von Mutter und Vater bekommt das Kind das „ganze Bild".

An den vielen kleinen und großen Familiendramen lässt sich gut ablesen, welches Potenzial in der Beziehung der Geschlechter steckt. Sie kann unendlich viel Segen in das Leben anderer bringen – oder sich und ihre Umwelt vergiften.

Da gibt es also zwei Wesen, die als Paar die Wiege der Menschheit bilden und gemeinsam beauftragt worden sind, diese Erde zu einem bewohnbaren Ort zu machen. Der Rahmen für das Verhältnis dieser zwei

Wesen zueinander ist durch folgende Eckpunkte abgesteckt:

- Geschlechtlichkeit
- Verschiedenartigkeit
- Gleichwertigkeit
- gemeinsamer Auftrag

Was wird uns nun das Bild in diesem Rahmen zeigen?

Kapitel 3

Wir brauchen Ergänzung

Irgendwie kennen wir ja alle den Text von der Erschaffung Adams und Evas. Aber worin liegt eigentlich der Sinn dieser Geschichte?

Beginnen wir mit dem Hintergrund des großen, alten Bildes. Auf ihm sind einige Details der Vorgeschichte zu sehen, die für die Interpretation noch wichtig sein werden (vgl. 1. Mose 2,5–17). Am Horizont sieht man eine aufgehende Sonne, davor den braunen Erdboden, der mit unzähligen winzigen Punkten übersät ist – das sind die Samen, die der Schöpfer schon in die Erde gelegt hat. Nun bricht der Tag an, doch den Pflanzen fehlt noch zweierlei: Regen und ein Gärtner. Der Schöpfer hat offensichtlich nicht vorgehabt, alles alleine zu machen.

Erinnern wir uns an die Sache mit der „Ebenbildlichkeit" – an die Darstellung auf dem Rahmen: Gott braucht jemanden, der ihm das Land bebaut. Wir Menschen als Ackergäule Gottes – eine seltsame Vorstellung, aber hier bekommen wir eine Ahnung davon, wie sehr Arbeit zu unserer Natur dazugehört. Nun wird der Schöpfer also wieder aktiv. Aus loser Erde, aus „Staub", wie es in der Bibel heißt, formt er sich einen Menschen. Genauer gesagt „töpfert" er ihn. Dann pustet er ihm Leben in die Nase – den berühmten „Odem". So wird der Mensch zu einem lebendigen Wesen.

Neben dieser Szene sehen wir Bäume, in deren Ästen schon Früchte hängen. Es ist der Garten Eden. Der Schöpfer hat schon mal aufgetischt, denn von irgendetwas muss der Mensch ja erst einmal leben. Der Garten zieht sich weiter bis in den Vordergrund des Bildes. Hier sind zwei Bäume besonders detailreich ausgearbeitet. Sie haben seltsame Früchte: An einem hängt Leben und am anderen Erkenntnis.

Am Erdboden sieht man einen Fluss, der sich in mehrere Arme teilt und in alle vier Ecken des Bildes weiterfließt. Sogar Namensschilder sind an den Flussarmen angebracht; ein paar kommen uns bekannt vor: Euphrat und Tigris. In der Mitte aber, zwischen den beiden großen Bäumen, steht der Mensch und schaut auf Gottes mahnenden Zeigefinger, der wie ein Verbotsschild über dem Baum der Erkenntnis schwebt.

Wer sagt denn hier, ich bin allein?!

Auf mich wirkt dieses Bild sehr harmonisch. Das Wasser fließt, die Bäume wachsen, das Leben kann losgehen. Der Mensch sieht auch ganz zufrieden aus. Vielleicht überlegt er sich gerade, wo er am besten mit der Arbeit beginnt. Ach ja, und Tiere sind auch da, jede Menge sogar. Gott redet mit dem Menschen und führt ihm die Tiere vor. Dieser hat die Ehre bekommen, sich Namen für jede Art zu überlegen. Und da passiert etwas, das mich beim Lesen immer wieder erstaunt ...

Gott sagt: „Es ist nicht gut, dass der Mensch allein sei“ (1. Mose 2,18; LÜ). Wieso alleine? Der Mensch hat doch Gemeinschaft mit dem Schöpfer! Sie reden miteinander und die Tiere leisten ihm zusätzlich Gesellschaft. Das müssen wir uns näher anschauen!

Oh je, die Scherbe ist ganz schön ramponiert. An der Stelle, wo das Wort „Hilfe“ steht, hat sich ganz viel Spucke angesammelt. Der Speichel hat die Substanz der Scherbe angegriffen, sodass das Motiv erst unter der Lupe zu erkennen ist.

Putzhilfe oder Lebenshilfe?

„Hilfe“ – da denkt so mancher an eine Haushaltshilfe. Oder vielleicht an eine Art „Erste Hilfe“, die einspringt, wenn's brennt. Dem Gatten das Bier kalt stellen, die Pantoffeln ranholen und zur Geschäftsreise den Koffer packen. Als Bedienstete, Hilfskraft sozusagen. Es lässt sich leicht nachvollziehen, warum so viel auf diese Stelle im Bild gespuckt worden ist.

Doch welch andere Bedeutung erschließt uns das Wort, wenn wir einmal genauer hinsehen! Wenn wir uns andere Stellen im Alten Testament anschauen, in denen dieses Wort im Hebräischen verwendet wird, dann stellen wir etwas Erstaunliches fest: Entweder wird es gebraucht, um deutlich zu machen, dass jemand zu Gott betet: „Du bist meine Hilfe!“, oder um zu beschreiben, dass ein König seine Verbündeten um Verstärkung seiner Truppen bittet, als sein Land angegriffen wird und sein Heer dem Feind zahlenmäßig unterlegen ist.

Beides – sowohl das Gebet in Notzeiten als auch eine kriegerische Auseinandersetzung – sind nicht gerade Situationen, in denen die helfende Position gering geschätzt werden würde. Auf Deutsch gesagt: Adam brauchte keine Putzhilfe, sondern eine Lebenshilfe, weil er es allein nicht packte. Oder, wie David Ben Gurion gesagt haben soll: „Die Frau ist das Kamel, das uns hilft, die Wüste zu durchqueren.“[1]

Irgendwie bezeichnend, dass es Gott ist, der Adams Mangel erkennt. Schon der erste Mann lebte wohl in der Illusion, alles alleine meistern zu können (oder zu müssen?). Den Weg finden, den Fernseher reparieren, die Welt retten – heute steht in vielen einschlägigen Männer-Frauen-Büchern, dass es einfach zur männlichen Natur gehört, diese Dinge alleine geregelt zu kriegen. Hilfsangebote werden als Beleidigung verstanden, nach dem Motto: Sie traut es mir nicht zu und meint noch, sie könnte es besser. Ich sehe Adam förmlich vor mir, wie er geschäftig zwischen den Tieren hin und her läuft und sich ganz darauf konzentriert, sich die vielen Namen einzuprägen, die er ihnen gegeben hat. Doch der Schöpfer ist schon einen Schritt weiter:

„Adam, du hast ein Problem."

„Ich ein Problem? Von wegen, alles im Griff hier!"

„Ja, die Namen sind hervorragend, wirklich gut."

„Das will ich meinen."

„Trotzdem hast du ein Problem. Sei mir nicht böse, du kannst ja nichts dafür."

„Grrmpf ... Also, um was geht's?"

„Du bist allein. Das ist nicht gut."

„Wie bitte? Ich allein?! Schau mal, sie trampeln mir sogar auf den Füßen herum! Und wir beide sind doch gerade ganz nett im Gespräch – also, Einsamkeit stelle ich mir anders vor."

„Adam, schau doch mal genau hin. Mit wem könntest du dich so richtig anfreunden?"

„Och, der Löwe ist ganz nett. Hm, er brüllt vielleicht ein bisschen laut. Und die Affen – na ja, sie quietschen seltsam, aber ich kann mit ihnen gut Fangen spielen. Und du ... Okay, das ist was anderes. Ich würde dich nie als meinen Kumpel ansehen."

„Eben."

„Was?"

„Du bist eben allein. Dir fehlt etwas. Jemand."

„Herr, das aus deinem Munde! Ich würde dein Werk nie kritisieren."

„Ich bin ja auch noch nicht ganz fertig. Zum Abschluss will ich dir eine Gefährtin machen, die mit dir zusammen durchs Leben geht."

„Oh … das klingt gut! Ein bisschen mulmig war mir schon, als ich gesehen habe, dass die Tiere alle zu zweit sind."

Ein echtes Gegenüber

Dass die Frau als echtes Gegenüber des Mannes geplant worden ist, sehen wir daran, dass es in der Schöpfung diesen einen Platz gab, der noch nicht besetzt war. Gott hatte nämlich auch die Tiere als Paare geschaffen. Sie waren Adam unterstellt worden, während Adam wiederum unter Gott stand. Als Adam noch allein war, existierte in der Schöpfung eine Lücke: der Platz *an seiner Seite.* Das fand auch Gott, als er sagte: „Ich will ein Wesen schaffen … das zu ihm passt" (2. Mose 2,18; GN). Eine wörtliche Übersetzung des Hebräischen lautet: „eine Hilfe *wie ihm gegenüber"*. Aber auch um diese Wörter hat es Missverständnisse gegeben.

Martin Luther übersetzte: „Ich will ihm eine Gehilfin machen, die *um ihn sei."* „Um ihn" klingt nicht so ebenbürtig wie „gegenüber", nicht wahr? Sicher wollte Luther den Sinn des Textes treffen; vielleicht konnte er sich damals nichts anderes vorstellen und meinte, das Hebräische wollte dies sagen. (Hebräische Präpositionen sind häufig nicht wörtlich übersetzbar.) Aber wenn wir mal bei der Formulierung „wie ihm gegenüber" bleiben, merken wir, dass es viel besser zu dem Begriffspaar „männlich und weiblich" aus der ersten Textstelle passt.

Ein theologischer Lehrer, der den Wortlaut Luthers besonders ernst nahm, ist mir lebhaft in Erinnerung geblieben. Als er uns Studenten mit seinem Eheseminar beglücken wollte, legte er eine Folie auf, auf der ein großer Kreis zu sehen war, in dessen Mitte das Wort „Mann" stand. Nach außen hin war der Kreis in verschiedene Segmente eingeteilt, in denen eingetragen war, auf welche Weise die Frau jeweils „um den Mann" sei; dort standen Begriffe wie „Nahrung“, „Kinder“, „Kleidung“ und „Heim“.

Als wir einmal bei ihm zum Kaffeetrinken eingeladen waren, lief es genauso ab: Er saß auf dem Sofa und dirigierte die Unterhaltung, während seine Frau um uns herumscharwenzelte und uns bediente. Auf ihre Weise schienen sie eine glückliche Ehe zu führen, aber die Bedeutung des Textes hatte mein Dozent meiner Ansicht nach nicht verstanden. Inzwischen merkt die Lutherübersetzung an dieser Stelle an: „wörtlich: Ich will ihm eine Hilfe schaffen als sein Gegenüber (d. h. die zu ihm passt)“. Andere deutsche Bibelübersetzungen geben die Stelle entsprechend wieder:

- „Er soll eine Gefährtin bekommen, die zu ihm passt“ (Hoffnung für alle).
- „Ich will ihm eine Hilfe machen, die ihm entspricht“ (Anmerkung: oder „als sein Gegenüber“, wörtlich: „wie seine Entsprechung“; Elberfelder).
- „Ich will ihm einen Beistand schaffen, wie er für ihn passt“ (Dietrich Bonhoeffer in einer Vorlesung).[2]

Ein Gegenüber ist also jemand, der zu uns passt. Ist es nicht genau das, was wir in einem Partner oder einer Partnerin suchen? Ein Gegenüber, einen Seelengefährten, mit dem wir ein tiefes Einverständnis haben können. Es begeistert mich, dass diese Sehnsucht im Schöpfungsbericht steht und dass es ausgerechnet Gott ist, der sie ernst nimmt. Meinen Sie bloß nicht, dass Gott Sie nur für sich haben möchte!

Wie arm ist dagegen das Bild, das führende Vertreter der Kirche weitergegeben haben! Viele Jahrhunderte lang galt die Frau offiziell als „minderwertig“. Ein so großer Theologe wie Augustin wusste zu unserer Textstelle nur zu sagen:

„Ich kann nicht erkennen, in welcher Hinsicht die Frau als Hilfe des Mannes geschaffen worden sein könnte, wenn man von der Aufgabe des Kinderbekommens einmal absieht."[3]

Theologie und Philosophie wussten lange Zeit mit dem weiblichen Geschlecht nicht viel anzufangen. Im Gegenteil, man erging sich in deftigem Frauenhass, wie er in dem Spruch von Nietzsche populär geworden ist: „Wenn du zum Weib gehst, nimm die Peitsche mit." Theologen schrieben im 19. Jahrhundert Sätze wie: „Die Erschaffung des Weibes ist eine furchtbare Katastrophe, nur übertroffen vom Tod selbst."[4]

Auch die säkulare Wissenschaft der letzten Jahrhunderte hat es nicht besser gemacht. Wir werden noch auf angeblich wissenschaftliche Belege für die Unterlegenheit des weiblichen Geschlechts zu sprechen kommen.

Ergänzung

Nun aber genug der Wortklaubereien und Ausflüge in andere Jahrhunderte. Was bleibt für uns heute übrig, für Sie und mich? Haben Sie eine Seelengefährtin, einen Seelengefährten? Erleben Sie dieses Gegenüber von Mann und Frau in einer Partnerschaft oder in anderen Lebensbereichen?

Ich bin begeistert von dieser Sicht der Bibel, dass wir Menschen in zwei „Ausführungen" gemacht sind, um uns gegenseitig zu ergänzen. Wir brauchen uns nicht mit dem anderen Geschlecht zu vergleichen, denn wir sind gerade in unserem Anderssein wichtig. In unserer Verschiedenheit arbeiten wir am gleichen Projekt, nämlich an der Gestaltung des Lebens auf dieser Erde. Die Zeugung von Kindern ist dabei sicher ein elementarer Bestandteil der gegenseitigen Ergänzung, aber es geht um mehr.

Deshalb können wir es uns gar nicht leisten, unsere Energie in Feindseligkeiten zu verschleudern. Eigentlich ist es ganz einfach: Wir sind unterschiedlich gemacht, um uns zu ergänzen. Wir kriegen es bloß so selten hin.

Kapitel 4

Die Sache mit der Rippe

Nun kommen wir zu einer Scherbe, die es in sich hat:

> Und Gott, der Herr,
> entnahm Adam eine Rippe und
> verschloss die Stelle mit Fleisch,
> und er baute die Rippe zu
> einer Frau aus.
> 1. Mose 2,21-22a

Hier stoßen wir zum Kern der Sache mit der Rippe vor. Die Sache ist nämlich die: Eigentlich war es gar keine Rippe! Jedenfalls soweit man das beurteilen kann. Es war ja niemand dabei. Auch Adam nicht – der wurde vorher in den Tiefschlaf verlegt. Wir haben nur den hebräischen Text aus 1. Mose, der von einer *zela* spricht. Und nun tauchen wir einmal tief in theologische Detektivarbeit ein:

Schaut man in ein hebräisches Wörterbuch, dann findet man unter dem Begriff *zela* einen Eintrag wie: „1. Rippe (vgl. 1. Mose 2,21–22), 2. Seite (...), 3. Türflügel (...), 4. Brett, 5. Seitengemach, Seitenbau (...)".[1] Seltsam, warum sollte dieses Wort in der Schöpfungsgeschichte plötzlich etwas ganz anderes bedeuten als an anderen Stellen? Es lässt sich nämlich tatsächlich kein anderer Text finden, in dem das hebräische *zela* jemals mit „Rippe" übersetzt worden wäre.[2]

Auffällig ist, dass alle Verse in der Bibel, in denen dieser Begriff vorkommt, von baulichen Dingen sprechen. Schlägt man die Stellen nach, landet man bei Beschreibungen von Gebäuden (nämlich der Stiftshütte und dem Tempel). Eine gemeinsame Bedeutung, die allen Stellen zugrunde gelegt werden kann, ist das Bild einer „Seite". Nennen wir es „Seitenbauteil" und probieren wir doch einmal aus, was sich ergibt, wenn wir diese Bedeutung auch in unserem Text von der Erschaffung der Frau einsetzen.

Das Seitenbauteil

Meint *zela* also tatsächlich eine Art Seite, dann wäre Eva aus der Seite Adams gemacht worden – „gebaut", um genau zu sein, denn so steht es wörtlich da, und das passt nun wunderbar zu den vorherigen Entdeckungen: Adam wurde aus *Ton* ge*töpf*ert und nun wird Eva aus dem *Seitenbauteil* ge*baut*. Eva sollte sein Gegenüber werden und nun wird sie aus seiner vollen Seite genommen. Adam brauchte Ergänzung und nun bekommt er seine bauliche Erweiterung.

Spätestens hier wird klar, dass es bei der *zela* nicht um eine anatomisch präzise Angabe geht. Das klingt für Sie vielleicht selbstverständlich, aber im 19. Jahrhundert hat es tatsächlich Versuche gegeben, die Sache mit der Rippe medizinisch genau einzuordnen. Theologen haben ernsthaft vorgeschlagen, dass an der Stelle der entnommenen Rippe nachträglich die männlichen Geschlechtsteile entstanden seien.[3] Eine seltsame Anatomie …

Wenn es also nicht um konkrete, sondern bildhafte Beschreibung geht, dann können wir guten Gewissens von einem Seitenbauteil reden, aus dem Eva gemacht wurde, oder einfacher: der Seite. Dann brauchen wir keine lexikalischen Verrenkungen mehr, die an dieser Stelle plötzlich eine ganz andere Wortbedeutung annehmen. Meiner Meinung nach gibt es wirklich keinen Grund, das Wort *zela* mit „Rippe“ wiederzugeben.[4]

Als ich neulich in einem Workshop meine Thesen zum Besten gab, entstand eine lebhafte Diskussion darüber, warum denn bisher niemand die Stelle korrekt übersetzt hat. Ich habe inzwischen schon mit einigen Alttestamentlern oder anderen Theologen über die Rippe gesprochen. Oft waren wissendes Grinsen und kopfwiegendes „Jaja ..."-Gemurmel die Reaktion. In der Sache hat mir bisher niemand widersprochen.

Eine Frau mittleren Alters meinte: „Wahrscheinlich hat es keiner wichtig gefunden. Das muss vielleicht eine Frau machen." Erst war ich überrascht über diese Antwort, zumal sie aus sehr besonnenem Munde kam. Doch je länger ich darüber nachdenke, desto mehr erscheint es mir die einzig plausible Antwort zu sein. In diesem Punkt scheint das Geschlecht tatsächlich eine Rolle zu spielen.

Nicht, dass Männer absichtlich frauenfreundliche Einsichten zurückhalten würden, aber vielleicht fehlt ihnen an dieser Stelle einfach die Sensibilität. Nach dem Workshop kamen einige Frauen sehr angeregt auf mich zu; eine schrieb: „Ich finde die Sache mit der Rippe wichtig!" Als sich am Abend ein *Mann* erkundigte, was wir denn im Seminar gemacht hätten, erzählte ich ihm kurz von der Debatte um „Rippe“ und „Seitenbauteil“, worauf er prompt fragte: „Ja und? Was ist denn da der Unterschied??“

Nicht nur ein Anhängsel!

Der Unterschied ist der: Wenn wir im Deutschen „Rippe“ hören, denken wir an Rippchen mit Kraut. Vielleicht auch an eine Rippenprellung. Auf jeden Fall sind wir darüber im Bilde, dass wir eine ganze Menge Rippen haben (2 mal 12, um genau zu sein, von denen jeweils 7 bis zum Brustbein reichen) und dass wir den Verlust einer einzelnen ganz gut verschmerzen könnten.

Frauen bestätigen mir immer wieder, dass genau darin ihr unterschwelliger Kummer mit diesem Bibeltext liegt: „Soll ich nur ein Anhängsel sein? Sind wir Frauen so nebensächlich, dass es nur einer kleinen Rippe der Männer bedurfte?“ In der Interpretation mit der „Seite“ finden sie eine ganz neue Wertschätzung.

Gerade Frauen, die die Bibel als Ganzes ernst nehmen wollen, sind oft richtig erleichtert. Denn Seiten hat der Mann nicht vierundzwanzig, sondern nur zwei: die linke Körperhälfte und die rechte. Wie die doppelflügelige Tür in den *zela*-Stellen, deren zwei Flügel oder Hälften *zela* heißen. So finden das Gegenüber aus den Versen 18 und 20 sowie das Begriffspaar „männlich – weiblich“ aus 1. Mose 1,27 ihre würdige Fortsetzung. Das „Materialset“ der Frau besteht nicht nur aus einem kleinen Knochen, sondern aus der Hälfte des Mannes. Sie ist aus der Seite des Mannes genommen, damit beide Seite an Seite durch das Leben gehen und jeder im anderen seine „bessere Hälfte" findet.

Auf einem Frauenfrühstück zu dem Thema sagte irgendwann eine ältere Frau mit Dutt und heiserer Stimme verschmitzt: „Und wie erkläre ich das meinem Mann?" Wir sind es nicht gewohnt, die Ebenbürtigkeit des Weiblichen so klar im Schöpfungsbericht beschrieben zu finden. Wissenschaftliche Bibelkommentare betonen inzwischen die Gleichwertigkeit der Geschlechter, doch die Assoziationen, die der normale Laie bei der Sache mit der Rippe hat, führen uns in eine andere Richtung.

In einem Gemälde von Meister Bertram, der im späten Mittelalter, um 1380 gelebt hat, sind die alten Vorstellungen von der Erschaffung der Frau wunderbar illustriert. Das Bild trägt den Titel „Die Erschaffung der Eva" und hängt in der Hamburger Hauptkirche Sankt Petri. Dargestellt ist Adam, aus dessen Rücken der Schöpfer einen kleinen Knochen gezogen hat. An dieser „Rippe" hängt nun Eva wie ein Paket auf Adams Rücken, nicht einmal halb so groß wie er. Wer sich mit Ikonenmalerei auskennt, weiß, dass die Größenverhältnisse etwas über die Bedeutung aussagen. Meister Bertram hat Gott ein Stück größer gemalt als den Mann. Die Frau ist nur sein kleiner Zusatz.

Ein Fall für eine Übersetzungskorrektur?

Sollte man also an dieser Stelle die Übersetzung ändern? Für manche mag das etwas neunmalklug wirken. Falls ich hier einen persönlichen Spleen habe, so habe ich ihn mir zumindest nicht ausgesucht. Mir ist die Sache nämlich aufgefallen, als ich im Theologiestudium diese Verse (1. Mose 2,18–25) als Text für die Abschlusspredigt gezogen hatte – per Los. Ich staunte nicht schlecht, was es in der Detailexegese zu entdecken gab. Mit echtem Bangen trug ich meine Einsichten vor dem teilweise ziemlich kritischen Dozentenkollegium und den nicht weniger kritischen Mitstudenten vor. Tatsächlich kam die Predigt sehr gut an und keiner der Bibellehrer hatte Einwände.

Seitdem halte ich die Augen offen und habe dabei ein paar „Mitstreiter" gefunden.[5] Ein renommiertes theologisches Wörterbuch[6] schreibt, dass die *zela* in erster Linie für architektonische Dinge verwendet wird. In Bezug auf unsere Textstelle heißt es dort, dass es nur einen Ausleger gäbe, der *zela* mit „Seite" übersetze, während andere das Wort mit „Rippe" wiedergegeben hätten. Immerhin einer! Und klasse, dass hier mal erwähnt wird, dass die Bedeutung „Rippe" eine *Interpretation* ist.

Echte Unterstützung finde ich im Buch „Ist die Bibel richtig übersetzt?"[7] von Pinchas Lapide, das mir neulich in die Hände fiel. Dort hat der jüdische Theologe und Religionswissenschaftler Stellen aus deutschen Bibelausgaben zusammengestellt, die er für falsch übersetzt hält. Es ist oft hochinteressant zu hören, was jüdische Theologen zum Alten Testament zu sagen haben, da sie meist viel näher an dessen kulturellem Hintergrund dran sind. Zu der Sache mit der Rippe schreibt er:

„Das hebräische Wort wird in der Regel als ‚Flanke' oder ‚Seite' übersetzt ... Eine Flanke ist bekanntlich anatomisch unentbehrlich. Den Verlust einer einzelnen Rippe hingegen hätte Adam leicht verwinden können. Kein Wunder also, dass die Fehlübersetzung der

‚Rippe' unvermeidlich zu einer Geringschätzung der Frau ... führen musste."

Sein Fazit: „In diesem Falle schlage ich dringend vor, eine Übersetzungskorrektur alsbald vorzunehmen."

Aus einem Holz geschnitzt

Der Text sagt aber noch mehr aus, als in dem Wörtchen *zela* steckt. Schauen wir ihn uns noch einmal an, jetzt mit dem geänderten Wortlaut:

> Und Gott, der Herr, griff in Adams Seite (oder: nahm Adams eine Körperhälfte) und füllte die Stelle wieder nach. Dann nahm er das Seitenbauteil und konstruierte daraus eine Frau.
>
> 1. Mose 2,21-22a

Egal, wie man die Seite genau versteht, eines ist ganz klar: Die Frau ist aus dem Stoff des Mannes. Das könnte man boshaft als „Recycling" bezeichnen oder andersherum als „Veredelung" – je nachdem, welchem Geschlecht man eines auswischen will. Aber im Rahmen des Schöpfungsberichts wird daran etwas anderes deutlich.

Erinnern wir uns: Die Tiere waren jeweils aus anderem Staub geschaffen worden – jede Art ihr eigenes „Materialset". Nun kommt das weibliche Wesen dazu und siehe da: Es ist nicht aus einem eigenen Materialset zusammengebastelt, sondern aus der Substanz des Mannes genommen. Die Frau stellt also keine neue Gattung dar, sondern erweitert die Gattung Mensch. Das heißt erstens und einmal ganz banal gesagt: Frauen sind auch Menschen. Leider ist selbst das nicht immer so selbstverständlich gewesen, wie es sein sollte.

Zweitens heißt das: Frauen und Männer *können* sich verstehen! Zwischen Männern und Frauen gibt es eine wesensmäßige Verbindung. Wenn die Konflikte aufbrechen, mögen wir den anderen oft als „vom anderen Stern" empfinden. Männer und Frauen trennen oft Welten in ihrer Erlebnis- und Empfindungswelt, das habe ich selbst gesagt. Doch diese Unterschiede gehen nicht so weit, dass wir keine Brücke mehr zum Wesen des anderen finden könnten. Wir sind aus demselben Holz geschnitzt. Sonst wäre heterosexuelle Partnerschaft eine ziemlich bekloppte Einrichtung.

Drittens finden wir hier eine Erklärung für die Anziehungskraft zwischen den Geschlechtern. Sie sind eben nicht parallel entstanden, mit einer wahllosen Mischung aus Gemeinsamkeiten und Unterschieden. Nein, dieses Gemeinsame will zurück zur Einheit.

Wer sich mit Platon auskennt, erinnert sich vielleicht an den „Kugelmenschen". In seinem Buch „Das Gastmahl" lässt der griechische Philosoph verschiedene Freunde über die Liebe diskutieren. Einer von ihnen äußert die Vorstellung, dass der Mensch ursprünglich eine Verbindung aus Mann und Frau gewesen sei, was der Vorstellung vom androgynen Menschen gleichkommt. Durch eine urzeitliche Katastrophe sei er in seine männliche und seine weibliche Hälfte auseinandergebrochen. Seitdem rennen diese beiden Hälften durch die Gegend und suchen ihre Wiedervereinigung. Wenn Mann und Frau sich in den Armen liegen, werden sie wieder zu diesem ganzen Kugelmenschen vereint.[8]

Diese Geschichte von Platon beschreibt anschaulich die Anziehungskraft zwischen den Geschlechtern. Aber sie sieht darin etwas Kaputtes. Eigentlich wäre der Mensch in sich eine Einheit gewesen. Nach den Vorstellungen der Bibel waren die Menschen dagegen von Anfang an als Geschlechter konzipiert und in dieser Form mit dem Prädikat „sehr gut" versehen. Adam und Eva hatten bestimmt schon im Paradies Sex miteinander. Erotische Anziehung ist nicht die Nachwehe eines tragischen Zerbruchs, sondern von Gott gemacht. Sie weist nach vorn, auf eine erfüllende Beziehung – mit allen sinnlichen Freuden, die Sexualität zu bieten hat.

Wir finden unsere Vervollkommnung eben nicht in uns selber (indem wir männliche und weibliche Seiten in uns perfekt vereinigen), sondern im „Du". Philosophie, die den Menschen absolut setzt, kann das schwer aushalten, aber so ist die Welt eingerichtet. Darin spiegeln Mann und Frau den Schöpfer wider – das große „Du", ohne das wir nicht leben können.

*

Ist die Bibel in 1. Mose 2,21–22 also falsch übersetzt, wie Lapide sagt? Ich denke, ja. Der Schaden, der dadurch angerichtet wird, richtet sich allerdings stark nach den Assoziationen, die man mit einer „Rippe" verbindet. Denkt man dabei an Rippchen oder eher an einen tragenden Balken? Im Englischen steht das Wort „rib" auch für „Leiste", „Spant" oder „Gewölberippe".

Damit sind wir schon fast bei unserer „Seite" oder „Flanke" und vielleicht denkt der eine oder andere Deutschsprachige bei „Rippe" ja auch an ein tragendes Rippengewölbe. Damit wären wir schon sehr nahe bei dem Seitenbauteil.

Die Rabbiner haben die Erschaffung Evas aus der Rippe Adams so interpretiert: Die Frau sei „nicht aus dem Kopf [gemacht], damit die Frau nicht über den Mann herrsche, nicht aus seinen Füßen, damit er nicht über sie herrsche, sondern aus seiner Rippe, damit sie seinem Herzen nahe sei."

Kapitel 5

Ein Mann erkennt sein Glück

Es ist eine traurige Tatsache, dass Frauen in vielen Teilen der Welt schlecht behandelt wurden und werden. Das haben Feministinnen nicht erfunden, sie haben höchstens unsere Sicht dafür geschärft.

Chinesinnen wurden die Füße abgebunden und damit verstümmelt, afrikanische Mädchen werden oft noch heute „beschnitten", was de facto eine Verstümmelung der übelsten Sorte darstellt, die für viele den Tod bedeutet. Zur indischen Tradition gehört die Witwenverbrennung (beim Tod des Mannes wird die Ehefrau bei lebendigem Leibe mitverbrannt) und in Europa landeten während der Hexenverfolgungen unangepasste Frauen auf dem Scheiterhaufen oder wurden ertränkt. In allen Kulturen kommt es zu Vergewaltigungen, manchmal sogar im großen Stil, wie jüngst im Bosnienkrieg und während des Völkermords im Sudan.

Das Potenzial der Gewalt gegen Frauen scheint geradezu unerschöpflich. Hinzu kommt die ungleiche Behandlung vor dem Gesetz in vielen Gesellschaften oder gar die völlige Rechtlosigkeit von Frauen. Das antike Athen beispielsweise, berühmt für sein hehres Vorbild der Demokratie, bezog diese persönlichen Rechte nur auf Männer (und unter diesen nur auf die freien Bürger).

In orientalischen Gesellschaften war es gesetzlich geregelt, dass bei Ehebruch die Frau getötet wurde, während der Mann frei ausging – eine Praxis, die uns schaudernd an die aktuellen „Ehrenmorde" in arabischen Familien erinnert (Männer töten ihre Schwestern, weil sie durch eine außereheliche Beziehung Schande über die Familie gebracht hätten).

Die erste Begegnung

Der Schöpfer hatte etwas völlig anderes im Sinn, als er dem Adam die Eva zur Seite stellte: Er hatte keinesfalls vorgesehen, dass der Mann mit der Frau tun und lassen kann, was er will, und gab der Frau auch nicht einen niedrigeren Wert als dem Mann. Er verstand beide als ein Team, das gemeinsam die Aufgaben in der Welt bewältigen sollte. Mann und Frau sollten aneinander Ergänzung, Trost und Nähe finden. Schauen wir uns einmal an, wie der erste Mann auf die erste Frau reagiert hat.

Ob er sie überhaupt als Frau erkannt hat? Vielleicht hat er Gott mit gekräuselter Stirn gefragt: „Ja, und? Brauchst du noch 'nen Namen für dieses Geschöpf?" Vielleicht sah er die Sache auch ganz pragmatisch: „Na endlich, eine Mutter für meine Kinder!" Es kann sein, dass er noch müde vom Schlaf war und sie zum Frühstückmachen verdonnert hat. Oder er war von ihr visuell derart angezogen, dass er mit ihr gleich hinter den nächsten Busch wollte: „Wow, was für eine scharfe Braut!"?

Hier stoßen wir wieder auf eine Scherbe im großen Scherbenhaufen. Auf diesem Bruchstück sind die Details allerdings noch recht gut zu erkennen. Es sieht so aus, als ob die Scherbe lange Zeit nicht berührt wurde.

Sie war wohl in Vergessenheit geraten …

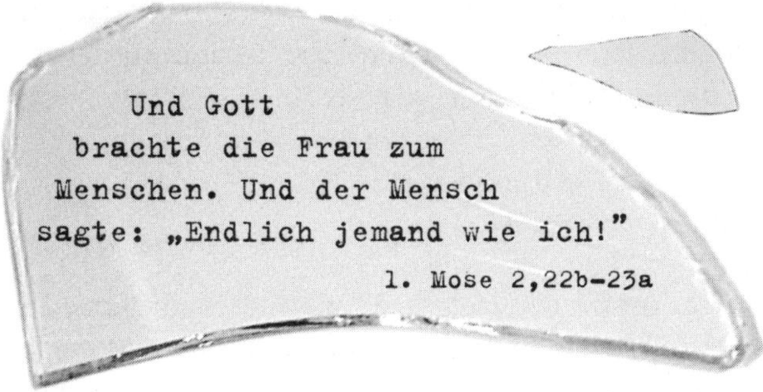

Wow, Adam ist ja richtig begeistert! Der hebräische Urtext verrät, dass er hier sogar in Poesie ausbricht. Das erste kleine Stückchen Lyrik in der Bibel ist ein Jubelruf des Mannes über die Frau! Er steht nicht in der Ecke herum und wartet erst einmal ab, was das wird (nach dem Motto: „Soll sie doch den ersten Schritt machen!"), sondern geht sofort auf sie zu.

Wie sich die beiden genau begegnet sind, wissen wir nicht, aber in Adams Worten wird seine Haltung deutlich: Er freut sich über die Frau und nimmt sie an. Er erkennt in Eva das Gegenüber, das Gott ihm angekündigt hatte. Wörtlich sagt er in Vers 23a: „Diese ist endlich Knochen von meinem Knochen und Fleisch von meinem Fleisch!" *Endlich* – nach dem ganzen Stress mit dem Benennen der Tiere klingt hier Adams Erleichterung an, dass er nun auch jemanden für sich gefunden hat. „Knochen von meinem Knochen und Fleisch von meinem Fleisch" oder auch „Bein von meinem Bein" (LÜ) – mit dieser sogenannten „Verwandtschaftsformel“ wird im Alten Testament üblicherweise die Blutsverwandtschaft umschrieben. Mann und Frau sind miteinander verwandt!

Dietrich Bonhoeffer hat diesen Vers so interpretiert: „Dass Eva von ihm herkommt, das ist ihm nicht Ursache des Rühmens, sondern des besonderen Dankes. Er leitet daraus keinen Anspruch für sich her, sondern er weiß sich dieser Eva, die von ihm her ist, in ganz neuer Weise verbunden.“[1]

Ein Wortspiel

Nachdem Gott ihm also die Frau zur Seite gestellt hat, macht Adam das, was er mit den Tieren auch gemacht hat: Er benennt das Geschöpf. Den Eigennamen „Eva“ wird sie erst später erhalten; zunächst erfasst er erst einmal ihre Wesensverwandtschaft:

> Sie wird Frau genannt werden, denn vom Mann ist sie genommen.
>
> 1. Mose 2,23b

Keine Ahnung, woher Adam weiß, was mit ihm passiert ist – vielleicht spürt er an sich selbst eine Veränderung? Jedenfalls erkennt er, dass Eva aus ihm entstanden ist. Wenn man aktuelle Partnerschaftsbücher liest, könnte man denken, dass Adam auf die

Frau völlig anders reagiert haben muss, etwa: „Von welchem Stern kommt die denn?" Aber Adam erkennt die Verwandtschaft, und das heißt für ihn: „Wir gehören zusammen!" So übersetzt es die „Hoffnung für alle" und gewissermaßen trifft sie damit den Kern der Aussage.

Im Hebräischen tauchen an dieser Stelle zum ersten Mal die Begriffe für „Mann" und „Frau" auf, und die lauten: *isch* und *ischah*. Obwohl Sprachwissenschaftler darauf hinweisen, dass nicht geklärt ist, ob die beiden Worte wirklich auf denselben Wortstamm zurückzuführen sind[2], ist ihre Ähnlichkeit doch unübersehbar. Die Endung *-ah* ist die übliche Endung für das weibliche Geschlecht. Martin Luther hat dieses hebräische Wortspiel im Deutschen meisterhaft wiedergegeben: „Sie soll Männin heißen, denn vom Manne ist sie genommen."

Ich finde es bemerkenswert, dass Adam ganz von alleine Gottes Absicht mit ihm und der Frau erkennt: „Wir sind aus dem gleichen Stoff – also gehören wir zusammen!" Er hätte in Eva ja auch eine Rivalin entdecken und sagen können: „Hey, ich war aber zuerst da!" Das wäre dann der Anfang des Kampfes zwischen den Geschlechtern gewesen.

Bei phlegmatischerer Veranlagung hätte er die Situation auch so lösen können: „Okay, dann gibt's halt noch so jemanden wie mich. Teilen wir uns die Welt auf – ich links vom Euphrat, du rechts –, damit wir uns nicht in die Quere kommen." Das wäre der Weg der Autonomie. Jeder wäre gleichwertig und unabhängig gewesen, aber wäre ihnen damit wirklich gedient?

Hier liegt einer der großen Denkfehler vieler Feministinnen, die die Frauen befreien wollen und damit bedenkenlos eine möglichst große Unabhängigkeit anstreben. Aber wer sagt eigentlich, dass wir dann besonders glücklich sind, wenn wir ganz auf uns allein gestellt sind? Für Adam ist klar: Hier ist ein Wesen, das ihm entspricht, seine Lebensgefährtin. Und darüber freut er sich riesig.

Sachbezug und Personenbezug

Und Eva? Von ihr erfahren wir gar nichts. Vielleicht ist sie noch etwas benommen und muss sich erst einmal auf der Welt zurechtfinden … Wie schön, dass sie gleich so freudig empfangen wird! Die Zeit der Einsamkeit hat sie nicht kennengelernt; für sie beginnt das Leben mit der Bekanntschaft des ersten Menschen.

In diesen völlig unterschiedlichen „Ausgangssituationen" lässt sich schon etwas von der Verschiedenartigkeit der beiden erkennen. Aller Skepsis gegenüber geschlechtsspezifischen Stereotypen zum Trotz scheint es sich immer wieder zu bewahrheiten, dass Frauen meist stärker auf Personen ausgerichtet sind, während Männer im Allgemeinen mehr sachorientiert sind. Obwohl auch die Männer die menschliche Gemeinschaft brauchen, kennen doch viele von ihnen den einsamen Wolf in sich. (Wie gesagt, das soll niemanden in ein Schema pressen. Letztendlich entscheidet die individuelle Prägung, und ich kenne mehrere Leute, die diese Einteilung für sich ablehnen. Aber es fällt doch auf, dass auch neueste Studien und Bücher zu diesem Thema auf diesen Punkt stoßen und damit große Zustimmung ernten.)

Als Adam auf die Frau trifft, sucht er gleich einen passenden Begriff für dieses neue Wesen an seiner Seite, obwohl Gott ihn in diesem Fall gar nicht darum gebeten hatte. Darin zeigt sich etwas von seiner Sachbezogenheit: Er schaut die Welt, die ihn umgibt, von außen an und ordnet sie in sein Denken ein. Er behandelt seine Umwelt als Objekt, als „Es". Auch die Frau spricht er nicht persönlich mit „Du" an, sondern redet *über sie.* Durch das Klassifizieren und Benennen schafft er sich eine Kategorie für das Phänomen, dem er sich gegenübersieht. Diese Herangehensweise wird oft als „typisch Mann" bezeichnet. Ein Mann möchte sich häufig zunächst erst einmal Übersicht verschaffen und die Kontrolle über die Dinge behalten. Aus psychologischer Sicht wird das manchmal negativ als Angst vor Kontrollverlust gedeutet. Aber für den Auftrag, die Erde zu bebauen und zu bewahren, ist das eine außerordentlich nützliche Eigenschaft!

Meiner Meinung nach liegt einer der wesentlichen Unterschiede zwischen Frauen und Männern darin, wie sie die Welt um sich herum erleben: Frauen sind meist viel stärker mit ihrer Umgebung verwoben. Sie erleben sich als Teil ihrer Umwelt und bauen zu ihr eine Beziehung auf. Damit wird die Welt für sie zum „Du". Frauen sind bei dem, was sie erleben und tun, viel stärker mit ihren Gefühlen beteiligt, was sie verletzlicher macht, aber auch Dinge wahrnehmen lässt, die einem bei rein objektiver Analyse leicht entgehen.

Aber auch das will ich nicht pauschalisieren. Natürlich können wir Frauen auch sehr sachlich sein. Viele Berufe verlangen das, und wir haben bewiesen, dass wir durchaus dazu in der Lage sind, wenn wir die gleiche Ausbildung erhalten. Hysterien, vor hundert

Jahren eine Hauptkrankheit unter Frauen, sind sehr zurückgegangen, seit wir – was Bildung angeht – nicht mehr für Kinder gehalten werden. Unser Verstand ist geschult worden, sodass die ausgeprägte Emotionalität einen Gegenpol bekommen hat, der es leichter macht, angemessen zu reagieren.

Aber auf der anderen Seite glaube ich, dass wir Frauen letztlich darunter leiden, wenn wir ständig unsere Person aus den Dingen heraushalten müssen. Es macht uns einsam, wenn wir uns nicht mitteilen können. Genauso scheinen die meisten Männer immer wieder diese Höhle zu brauchen, in die sie sich zurückziehen können, um aus der Distanz heraus ihr Verhältnis zur Umwelt neu ordnen zu können.

An dem alten Schema, nach dem Männer objektiver und Frauen subjektiver veranlagt sind, ist also durchaus etwas dran. Aber die Objektivität ist nicht mehr wert oder besser als die Subjektivität.[3] Beide Sichtweisen erfassen einen Teil der Wirklichkeit. Es sind zwei verschiedene Wege der Wahrnehmung, die sich ergänzen sollten.

In dem unterschiedlichen Weltbezug von Mann und Frau spiegelt sich übrigens auch die unterschiedliche Art und Weise wider, auf die beide erschaffen worden sind: Der Mann ist aus Erde, der unbelebten Materie, entstanden und kreist nun mehr um „Dinge" oder „Sachen", während die Frau aus Fleisch, der belebten Materie, gebaut ist – und damit stärker auf Beziehungen ausgerichtet ist. Nach dem Sündenfall wird jeder der beiden genau in diesem Punkt getroffen werden …

Adam ordnet also auch die Frau in seine Schubladenwelt ein. Doch dabei passiert etwas: Er wird selbst verändert! Vorher war er nur *adam* (hebräisch: „Mensch"). In dem Moment, als er die Frau sieht, nennt er sich selbst „Mann". Erst im Angesicht der Frau wird also der Mann zum Mann.

Als ich einem Bekannten von diesem Gedanken erzählte, meinte er: „Das ist ein typisch weiblicher Gedankengang. Ein Mann findet genauso beim Holzhacken zu sich selbst." Mir scheint es trotzdem kein Zufall zu sein, dass genau an dieser Stelle zum ersten Mal das Wort *isch* (also das Wort für Mann) erscheint. Der Alttestamentler Carl Friedrich Keil meint in Bezug auf diese Stelle, dass Adam bis zur Erschaffung der Eva „Mann der bloßen Potenz nach" gewesen sei.[4]

Das soll heißen: Die Anlagen des Mannes waren von Anfang an da, aber sie schlummerten noch in einer Art Ruhezustand. Als Eva auf der Bildfläche erscheint, macht es *klick* bei ihm, und er wird zum voll empfindenden Mann.

In der Pubertät erlebt jeder Mensch Adams Schritt der Selbstfindung noch einmal nach: Man entdeckt das andere Geschlecht und wird durch diesen Entdeckungsprozess vom Mädchen zur Frau, vom Jungen zum Mann. Dabei spielt übrigens auch der gegengeschlechtliche Elternteil eine wichtige Rolle: Ein Vater kann seiner Tochter die Bestätigung geben, dass sie eine „richtige Frau" ist. Dies kann eine Mutter ihrer Tochter so nicht vermitteln. Ein Sohn muss von seiner Mutter in die Selbstständigkeit entlassen werden (oder sie sich erkämpfen). Solange sie seine Wäsche wäscht, wird er es schwer haben, sich als erwachsener Mann zu fühlen.

Heißen wir einander willkommen, signalisieren wir dem anderen: „Ja, ich sehe in dir einen ganzen Mann oder eine ganze Frau!" Das ist übrigens einer der Gründe, warum ich Kavaliersgesten mag: Ein Mann zeigt, dass er mein Geschlecht bemerkt hat. Schlagartig fühle ich mich als Frau, als Prinzessin. Ich lächle dankbar zurück – und schon fühlt er sich als Held, als richtiger Mann. Manchmal kann es so einfach sein.

Genauso schnell können wir mit dummen Sprüchen jemandem vom anderen Geschlecht großen Schaden zufügen. Als ich fünfzehn war, erklärte unser Mathelehrer der ganzen Klasse grinsend: „Die Frauke kriegt später keinen Mann ab, die ist zu gut in Mathe." Daran habe ich lange zu knabbern gehabt. Noch heute bin ich ein bisschen auf meine Mitschüler sauer, weil sie mitgelacht haben. Genauso unsensibel ist es, wenn eine Frau einen Mann öffentlich als einen „Waschlappen" oder Ähnliches bezeichnet, auch wenn sie damit bloß einen Witz machen will. Wir können uns gegenseitig ganz schön verunsichern – oder anerkennen und bestätigen!

Kapitel 6

Ein Bündnis wird geschlossen

Kennen Sie Heinrich Manns Geschichte vom „Untertan"? Da ist die Rede von einem „braven" Bürger, der alles richtig machen will. In seinem Sexualleben sieht das so aus: Er schläft mit einem Mädchen, doch als es darum geht, sie zu heiraten, muss er leider ablehnen. Sie ist ja keine Jungfrau mehr.

Ich war fassungslos, als ich diese Geschichte zum ersten Mal hörte, aber Menschen aus meiner Elterngeneration bestätigen mir heute noch, dass es früher oft so zugegangen sei – nicht nur in Büchern, sondern ganz in echt. Dabei nannte man sich „christliches Bürgertum"! Männer sollten ruhig schon mal üben, bevor sie die Ehe eingingen. Sollte der junge Mann einmal den Hof der Familie erben, wurde am besten erst einmal getestet, ob die ausgeguckte Ehefrau in spe auch in der Lage war, Kinder zu empfangen.

Angesichts solcher Moralvorstellungen könnte man meinen, dass irgendwo in der Bibel der Satz stehen müsste: „Daher soll ein Mann viele Frauen ausprobieren und dann eine Jungfrau heiraten." Bei dieser Praxis fühlte man sich auch noch überlegen gegenüber den alten orientalischen Kulturen mit ihrer Vielweiberei (Polygamie).

Schaut man sich die Geschichte der Völker an, kann man tatsächlich eine Entwicklung von der Polygamie hin zur sogenannten „Einehe“ erkennen. Wie war denn der Start in die Menschheitsgeschichte gewesen? Hatte Gott gesagt: „Ein Mann kann viele Kinder zeugen, darum soll er am besten gleich mehrere Frauen haben“?

Die Scherbe mit den Partnerschaftstipps

Unser Bibeltext zieht aus all dem, was wir uns bisher angeschaut haben, tatsächlich eine Schlussfolgerung. Und diese brisanten Worte, mit denen wir uns jetzt beschäftigen wollen, lassen sich sehr häufig in dem großen Scherbenhaufen finden. Es sind Worte, die oft zitiert worden sind, unter anderem von den Schreibern des Neuen Testaments. Manche der Fundstücke, auf die dieser Vers aufgemalt ist, sind in der Nähe von Eheseminaren entdeckt worden, andere bei Hochzeiten oder neben Gegenständen, die sicher einmal Jugendlichen gehört haben. Hier kommt eine Abschrift:

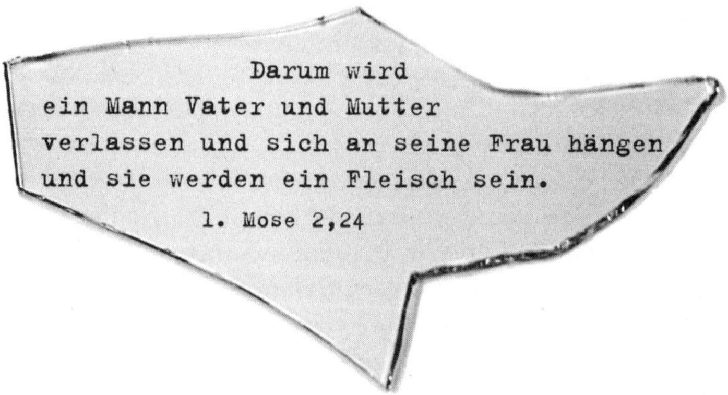

Aha! Gott wollte von Anfang an, dass ein Mann *eine* Frau hat! Klappt ja auch viel besser mit dem Gegenüber. Das ist uns heute ja auch völlig klar. Ist nur jammerschade, dass es jahrhundertelang ganz anders gesehen wurde.

Ein Teil des weiblichen Zorns, der zum Feminismus geführt hat, rührt von der Ungerechtigkeit her, die dem weiblichen Geschlecht widerfahren ist: Frauen mussten keusch sein, während Männer schon mal probieren durften. War man dann verheiratet, musste die Frau treues Gefäß ihres Mannes bleiben, während der sich auch bei Dirnen herumtreiben konnte. Hielt man sich nicht an die Regeln, drohte immer die Gefahr einer ungewollten Schwangerschaft, für die dann ungerechterweise nur die Frauen gesellschaftlich verachtet wurden. Kein Wunder, dass die Erfindung der Pille als Erlösung gefeiert wurde. Endlich konnten Frauen genauso hemmungslos fremdgehen wie Männer, ohne dass es jemand merkte.

Heute würden viele den Satz in der Bibel wahrscheinlich so formulieren: „Darum muss man viel ausprobieren, bevor man es wagen kann, sich fest an einen Partner zu hängen." Und das auch nur, solange es eben klappt mit der Beziehung. Was wichtige Stationen in Sachen Partnerschaftsfindung und Lebensgestaltung angeht, hat sich die Reihenfolge in den letzten Jahrzehnten umgekehrt: Sex haben viele schon mit 15, sonst kann man ja gar nicht mitreden. Von Vater und Mutter nabelt man sich oft erst mit Ende 20 ab, manche haben es auch mit 50 noch nicht richtig geschafft. „Darum wird eine Frau sich an einen Mann hängen, um sich für den Rest des Lebens mit ihrer Schwiegermutter herumzuschlagen", scheint in manchen Familien ein gängiges Motto zu sein …

Ist es nicht tatsächlich ein bisschen viel verlangt, was die Bibel hier vorsieht? Nur einen Partner, ein ganzes Leben lang? Wenn man sich in der Welt umschaut, scheint das einer der seltenen Glücksfälle zu sein. Manchmal wird in den Illustrierten ein solches Glück vorgestellt – und schon ein paar Ausgaben später die Trennung des Traumpaares vermeldet.

Aber die Bibel wäre nicht die Bibel, wenn sie nicht gleichzeitig einen Weg aufzeigen würde, wie eine gute, beständige Partnerschaft gelingen kann. Schon in diesem kurzen Satz auf der Scherbe oben (siehe S. 62) stoßen wir auf ein paar gute Tipps:

1. Erst mal selbst erwachsen werden

Der Satz beginnt nicht mit der Aufforderung, das andere Geschlecht zu entdecken, sondern mit der Tatsache, dass ein Mensch Vater und Mutter verlässt. Viele Beziehungen kranken daran, dass die Partner noch in ihren alten Familienkisten drinhängen, seien es offene Abhängigkeiten oder – was meist viel belastender ist – unterschwellige Bindungen und nicht aufgearbeitete Konflikte. Darüber wissen wir heute sehr viel. Teenie- und Jugendzeit sind dazu da, damit wir lernen, mit uns selbst und mit anderen klarzukommen und unsere eigenen Meinungen und Positionen zu entwickeln.

2. Erst entscheiden, dann aufs Ganze gehen

In diesem Satz aus dem 1. Mosebuch kommt eine ganz bestimmte Reihenfolge zum Ausdruck: „erst verlassen, dann anhängen, danach ein Fleisch werden". Das Verb „anhängen" klingt im Deutschen etwas niedlich, fast ein bisschen wie das Wort „anhänglich". Im Hebräischen geht es um eine verbindliche Entscheidung, einen

Vertragsschluss. Man löst einen Vertrag mit jemandem auf, „verlässt ihn“ und bindet sich an jemand anderen – „hängt ihm an“. Dann kann das Dritte passieren: „ein Fleisch werden“.

3. Dem Partner höchste Priorität einräumen

„Ein Fleisch werden“, das ist ja nicht nur, sich eben im Geschlechtsakt zu vereinigen. Man wird ein gemeinsames neues Wesen, eine neue Einheit, wenn man sich auf allen Ebenen des Menschseins begegnet: im Gedankenaustausch, im Mitteilen von Gefühlen und Bedürfnissen, im Gestalten seiner Umgebung, in gemeinsamen Aktivitäten und körperlicher Nähe.

Wenn ich Kontaktanzeigen lese (ja, das tue ich!), springen mir diese Ideale geradezu entgegen. Aber in realen Beziehungen läuft es oft anders. Wenn erst einmal die erste Romantik vorbei ist, lautet das Motto: „Daher wird ein Mann … sich an seine Arbeit hängen (und nebenbei eine Ehefrau haben und/oder sich Geliebte zulegen).“ Moderne Karrierefrauen tun es ihnen nach. Manch einer scheint „ein Fleisch“ mit seinem Beruf zu sein anstatt mit seinem Partner. Ist ja auch viel angenehmer; da weiß man wenigstens, dass man nicht zu kurz kommt (haha!!).

4. Sein „Fleisch“ hegen und pflegen

Das habe ich von Paulus. Er zitiert in seinem Brief an die Epheser (siehe Epheser 5,31) unseren Vers, um zu erklären, wie sehr ein Mann seine Frau lieben soll: wie sein eigenes Fleisch, das er ja auch nährt und pflegt. Eine Partnerschaft wächst, wenn man sich in den anderen und seine Bedürfnisse investiert. Den Frauen wird an dieser Stelle mitgegeben: „Sie aber achte den Mann.“

Wohl nicht ohne Grund: In den Sprüchen Salomos ist oft vom „zänkischen Weib" die Rede, das den Mann noch mehr stresst und nervt als eine ständig tropfende Dachrinne. Bei manchen Paaren scheint mir der Trauschein die Lizenz zum Nörgeln zu sein, so als ob unser Satz lauten würde: „... und sie werden sich ein Leben lang streiten."

5. Um die Frau werben

In unserem Text ist es der Mann, der seine Eltern verlassen wird und sich nun auf Gedeih und Verderb an die Frau bindet. Manchmal kommen wir Frauen diesem inneren Prozess zuvor, indem wir die Beziehung in die Hand nehmen, die wir uns so sehr wünschen. Das kann dazu führen, dass der Mann in die Beziehung hineinschlittert, ohne sich je wirklich dafür entschieden zu haben. Angesichts dieser Konstellation wird es ihm schwerfallen, sich ernsthaft in die Beziehung zu investieren.

Unsere alten Märchen und Rittergeschichten erzählen nicht von ungefähr von den Prinzen, die sich aufmachen, um die Angebetete zu erobern. So pathetisch läuft es in unserem kleinen Alltag normalerweise nicht ab, aber es gibt den Punkt, an dem ein Mann bereit wird, seine heiß geliebte Freiheit aufzugeben und eine Frau nicht nur zum Vergnügen zu nehmen, sondern sich wirklich „an sie zu hängen".

Eine Psychologin sagte mir einmal: „Warte, bis der Mann um dich wirbt. Du brauchst das Wissen, dass er dich wirklich will – und er braucht es auch." Die Frau hängt sich meist von ganz allein an ihren Mann; in der Zeit des Alten Testaments schon allein deshalb, weil sie in die Sippe des Mannes einzog. Heute zeugen Bücher wie „Wenn Frauen zu sehr lieben“ davon, wie sehr Frauen sich danach sehnen, sich ganz für die Liebe zu geben. Oder haben Sie schon einmal einen *Mann* erlebt, der auf einer Hochzeit in Tränen ausbricht?

Der Ehebund

So weit, so gut – das soll schließlich kein Partnerschaftsbuch werden. Auch keines über Sexualität oder Scheidung und Wiederheirat, obwohl diese Bereiche im Text durchaus auch angesprochen werden.

Ich staune immer wieder, wie viel in diesen ersten Kapiteln der Bibel steckt. Hier werden wirklich die Grundlagen für unser Leben in dieser Welt gelegt. Eine dieser Grundlagen ist das Bündnis zwischen einem Mann und einer Frau. Wir nennen das heute gerne den „Bund fürs Leben“. Der Ausdruck spiegelt wider, dass dieser Bund keine Nebensache ist, sondern im Zentrum des Lebens steht und auf Lebenslänge angelegt ist.

In der Ehe gehen Mann und Frau eine Synthese ein. Das wird besonders am Nachwuchs deutlich: An den Kindern sieht man, dass die beiden buchstäblich ein Fleisch geworden sind. Aber auch darüber hinaus werden sie ihr gemeinsames „Haus“ bauen – eine gemeinsame Welt, in der sie sich gegenseitig Liebe und Unterstützung schenken und gemeinsame Überzeugungen und Ziele entwickeln. Ein solches „Ein-Fleisch-Sein“ wird auch Ausstrahlung nach außen entwickeln.

Der Ehebund ist exklusiv, die Bindung an die eine Frau schließt alle anderen aus. Doch weil in diesem Text die Grundlagen für die ganze Wirklichkeit gelegt werden, kann man die Bedeutung des Verses auch ausweiten. Frauen und Männer können sich auch auf anderen Ebenen miteinander verbünden – nicht nur in der besonderen Form der Ehe. Erinnern wir uns: Wir sollen doch *gemeinsam* etwas von Gottes Bild widerspiegeln!

Der Effekt wird ähnlich sein: Wo Männliches und Weibliches eine gemeinsame Synthese eingehen, wird etwas Neues entstehen, das mehr ist als die Summe von beidem.

Mich fasziniert dieses kreative Potenzial zwischen Männlichem und Weiblichem. Da ich schon seit einigen Jahren als Single lebe, habe ich mir irgendwann überlegt, dass ich nicht nur auf eine Partnerschaft warten möchte, um etwas von diesem Zusammenspiel zu erleben. Ich habe doch auch sonst mit Männern zu tun – zum Glück!

Besonders eindrücklich waren für mich meine Erfahrungen auf meiner ersten Arbeitsstelle. Wir waren ein fünfköpfiges Redaktionsteam, das sich die Aufgaben rund um die Erstellung und Betreuung einer Zeitschrift teilte. Meine Kollegin und ich waren den drei Männern völlig gleichgestellt, es gab keine offiziellen geschlechtsspezifischen Aufgaben. Stattdessen setzten wir jeweils unsere Gaben ein, woraus sich dann Schwerpunkte entwickelten, die so richtig schön ins Klischee passten: Meine Kollegin brachte mit ihrer Literatursparte viel Wärme und Herzlichkeit in das Blatt, ein Kollege war sehr versiert im Umgang mit Datenbanken, der andere war ein begeistertes Marketingtalent, der dritte leitete unser Team und ich war die Leserbrief-Tante. Jeder konnte sich gut einbringen und in den Sitzungen hatten wir meist recht lebhafte Diskussionen.

Manchmal fühlten wir Frauen uns weniger kompetent und zweifelten an unseren Qualitäten. Aber die Männer machten uns immer wieder Mut – sie schienen unsere Arbeit wirklich zu schätzen! Das gab mir die nötige Rückendeckung, um mich in Artikeln auch an heikle Themen heranzuwagen. Ich sah Ärger vonseiten mancher Leser auf mich zukommen, aber meine Kollegen gaben mir zu verstehen, dass sie hinter mir und meinen Ausführungen standen. Besonders von meinem damaligen Chef wusste ich, dass er viel einstecken kann und sich schützend vor mich stellen würde, wenn man mich ernsthaft angreifen würde.

Das gab mir die Sicherheit, um mich weit aus dem Fenster zu lehnen. Ich hatte damals das Gefühl, dass ich über mich hinauswachse. Ich glaube, dass das vor allem deshalb möglich war, weil so couragierte Männer hinter mir standen. Seitdem hole ich mir immer gerne männliche „Verbündete", wenn ich mich an eine brisante Aufgabe wage.

Was im Beruf möglich ist, gilt auch für den Bekanntenkreis oder die Gemeinde. Frauen und Männer sollten immer wieder die Köpfe zusammenstecken, um das Potenzial zu nutzen, das in der Verschiedenartigkeit der Geschlechter steckt. Überlegen Sie doch einmal, wo Sie in Ihrem Leben überall mit dem anderen Geschlecht zu tun haben. Und dann stellen Sie sich vor, dass Sie sich bewusst mit ihm verbünden!

Sie werden merken, wie viel Reibungsfläche da ist, die sich in produktive Energie umwandeln lässt. Sie werden entdecken, wie viel von Ihren Bedürfnissen nach Achtung, Anerkennung und Wertschätzung sich auf einmal stillen lässt. Wir machen uns etwas vor, wenn wir behaupten, dass das Geschlecht keine Rolle spielt. In meinen Workshops habe ich es jedes Mal erlebt, wie verschlafene Gesichter hellwach wurden und die Leute merkten: Doch, das hat eine Menge mit mir zu tun!

Es ist gut, wenn wir jedem Menschen mit Respekt begegnen, einfach, weil er ein Mensch ist. Aber darüber hinaus macht es einen Unterschied, ob der Mensch von unserem oder vom anderen Geschlecht ist, ganz egal, ob dieser Unterschied eine erotische Komponente hat oder nicht. Gehen wir doch bewusst Bündnisse miteinander ein, um an einem Strang zu ziehen, anstatt uns in Tauziehereien zu verheddern!

Die Sache mit der Erotik

Wo wir schon einmal dabei sind, noch ein Wort zum Thema Erotik: Natürlich spielt sie in der Beziehung zwischen Mann und Frau eine Rolle. Mal weniger, mal mehr. Immerhin ist die Anziehungskraft so stark, dass sie den Mann dazu bringt, seine Eltern zu „verlassen". Diese Kraft zieht zueinander und bewirkt schließlich das „Ein-Fleisch-Werden".

Das hier verwendete hebräische Wort für „anhängen" heißt wörtlich auch „ankleben"[1]. Das finde ich eine sehr treffende Beschreibung für das, was beim Sex geschieht: Man wird mit dem anderen auf ganz tiefe Weise zusammengefügt. Es ist klar, dass man sich gut überlegen sollte, an wen man angeklebt werden möchte. Ist der andere wirklich gut zu mir? Manche erotischen Kontakte gleichen mehr einem Krieg als einer Liebesbeziehung. Da wird der Kampf zwischen den Geschlechtern fortgeführt – mit verschärften Waffen, an unseren empfindlichsten Stellen.

Wie schmerzhaft ist es, mit jemandem zusammengeklebt zu werden und dann diese Nähe gar nicht weiter ausleben zu können! Was zusammengeklebt war, wird auseinandergerupft, und je fester man aneinanderhaftete, desto tiefer sind die Wunden, die gerissen werden.

Unser eingangs erwähntes „großes, altes Bild" verschweigt uns nicht den erotischen Aspekt des Geschlechterverhältnisses, sondern liefert dafür eine anschauliche Erklärung: Die Frau entstand aus der Seite des Mannes, deshalb zieht es sie wieder zu ihm – und umgekehrt. Die Klebkraft der Erotik ist enorm, deshalb wird die Partnerschaft in einen Rahmen gestellt – an einen festen Vertrag gekoppelt, der nur einen Bündnispartner zulässt.

Studien bestätigen, dass diese Vertragsvereinbarungen für das Ausleben der Sexualität hilfreich sind. Die Zeitschrift „Psychologie heute" drückt es so aus: „Am besten ist Sex, wenn er es ermöglicht, Neues zu erfahren auf der Basis von Sicherheit und Vertrauen."[2] Karl Barth hat es als Theologe folgendermaßen auf den Punkt gebracht: „Koitus ohne Koexistenz ist eine dämonische Angelegenheit."[3] Koitus *mit* Koexistenz (also Sex, der das Zusammenleben mit einschließt) ist ein Stück Paradies, das uns geblieben ist.

Kapitel 7

Paradiesische Geborgenheit

Nun kommen wir zur Scherbe mit dem Adamskostüm. Ganz perfekt war das Paradies nämlich doch nicht, jedenfalls nicht für Frauen: Es gab keine Klamotten zu kaufen! Eva hätte beim besten Willen keinen Grund finden können, warum sie dieses Oberteil oder jene Schuhe *unbedingt* brauchte. Heute können Frauen, die ihre Anschaffungen mit ihrem Partner absprechen, als letzte Waffe immer noch drohen: „Soll ich etwa nackt herumlaufen?“ Genau das tat das erste Menschenpaar.

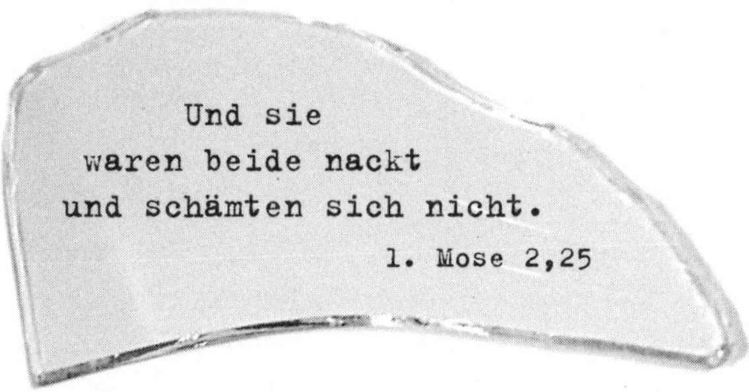

Wenn ich das lese, denke ich an alte Gemälde. Die Nacktheit – an „heiklen Stellen“ dezent von Olivenbaumzweigen oder durch den Zipfel eines wallenden Tuches kaschiert – zeichnete hehre Ideale aus, zum Beispiel die Göttin Venus oder den Frühling. In der

Moderne war das Motiv der „Badenden" sehr beliebt: Auf diesen Bildern steigt eine Gruppe nackter Menschen unbefangen ins Wasser. Die Nacktheit war eine ganz bewusste Anspielung auf das Paradies. Die Maler wollten das Leben in seiner Ursprünglichkeit darstellen, unberührt von Kultur und Gesellschaft. Auch in der FKK-Bewegung schwingt diese Suche nach dem natürlichen, unverstellten Leben mit.

Adam und Eva waren tatsächlich nackt. Ihr Leben atmete diese ursprüngliche Natürlichkeit. Alles war im Lot, sie lebten im Einklang mit der Natur und ihrem Schöpfer. Sie brauchten sich nicht zu schützen, denn sie wussten noch von keiner Gefahr. Sie kamen auch nicht auf die Idee, sich *voreinander* in Sicherheit zu bringen. In ihrer Nacktheit setzten sie sich ganz dem anderen mit seinen Blicken und Berührungen aus. Wie selbstverständlich scheinen sie sich Vertrauen entgegengebracht zu haben; keine Gedanken von Angst und Misstrauen fanden Eingang in ihre Köpfe.

Als es noch keine Scham gab

Wie ging der Satz noch mal weiter? „Sie waren beide nackt … und fielen übereinander her"? Würden wir in einem Film ein nacktes Paar sehen – wir würden wohl eine solche Szene erwarten. Wahrscheinlich waren sie viel behutsamer: „… und tasteten sich an den anderen heran"? Aber der Text geht überraschenderweise in eine ganz andere Richtung: „Sie schämten sich nicht."

Im Paradies gab es keine Scham – das können wir uns heute nicht mehr vorstellen! Heute würden wir uns schämen, wenn wir nackt durch die Straßen spazierten. Es scheint keinen Grund gegeben zu haben, sich voreinander zu verbergen, weil da nichts war, weshalb man sich vor dem anderen hätte schlecht fühlen müssen.

Selbstwertgefühl, soziale Kompetenz, ethische Kompetenz – all das muss so unantastbar gewesen sein, dass man es einfach nicht nötig hatte, sich voreinander zu schützen. In der heilen Welt des Paradieses gab es noch nicht das Dunkle, das in uns Misstrauen und Verachtung sät. Es gab keine Feindschaft, sondern nur vollkommene Liebe. Deshalb konnten sich Adam und Eva nackt zeigen.

Nacktheit in einer sexualisierten Welt

Lassen wir also die Hüllen fallen und schaffen uns damit das Paradies? Besser nicht.

Während der sexuellen Revolution der 60er und 70er Jahre galt es als Befreiungsschlag, den Körper zu zeigen. Weg von der Prüderie des christlichen Bürgertums, frei von Konventionen und Verordnungen. Wenn Sie wie ich unter vierzig sind, haben Sie das selbst gar nicht mehr miterlebt, aber vielleicht haben Sie einmal etwas von Oskar Kolles Sexualaufklärung oder der „Kommune 1“ mit Uschi Obermaier und Rainer Langhans gehört. In den USA verbrannten Feministinnen demonstrativ BHs. Ein Büstenhalter als Symbol der weiblichen Versklavung – das musste ich mir erst einmal erklären lassen. 1968 verstand man die Provokation.

Heute sind wir Haut gewöhnt, sei es in der Werbung, im Kino oder in unserer Alltagsmode. Es schnürt uns die Kehle zu, wenn wir diese sittsamen Menschen aus den Anfangszeiten der Fotografie sehen: dunkle, hochgeschlossene Kleider, leere Blicke. Das Leben heute ist lockerer und unkomplizierter geworden. Aber unsere Gesellschaft leidet auch an einem Mangel an Schamgefühl.[1] Prostitution hat es immer gegeben, doch mit den visuellen Medien ist die Pornografie dazugekommen. Das Ausmaß der pornografischen Bilder, die uns heutzutage geradezu überschwemmen, ist schon krass. Mit dem Internet rücken sie uns noch mehr auf die Pelle. Das Verrückte ist, dass diese Bilder tatsächlich funktionieren: der Anblick nackter Haut und bestimmter Posen – und schon verflüssigt sich unser „Klebstoff", der Eros ist geweckt.

Nacktheit ist ein sehr starker Reiz, der andere Reize in den Hintergrund treten lässt. Eine scharfe Frau neben dem Auto – schon schaut man hin. Es ist fast ein Zwang. Männer, die es ernst nehmen wollen mit der Treue in Gedanken, haben es da wirklich ganz schön schwer. Aber auch ich als Frau ärgere mich über die Aggressivität erotischer Reize, die oft alles andere überlagern. Es gibt doch noch mehr im Leben! Wie ein pawlowscher Hund[2] werden wir konditioniert: nackte Haut – und schon beißen wir an!

Wir haben heute oft kein Gefühl mehr für gesunde Grenzen. Deshalb schlittern wir in Bindungen und Ängste hinein und wissen oft gar nicht genau, wo sie herkommen. Denn Nähe ist nur da möglich, wo uns keine Gefahr droht. Entweder wissen wir uns selbst zu schützen oder wir brauchen es nicht, weil wir dem anderen voll vertrauen können.

Nacktsein macht nicht frei – höchstens frei zum Abschuss. Nacktheit ohne persönlichen Bezug nimmt dem Menschen ein Stück seiner Würde, indem sie seine Intimsphäre entpersonalisiert. Begegnung verkommt zum Konsum. Tut es nicht weh, wenn die wunderbare Gemeinschaft von Mann und Frau auf ein Spiel von Hormonen reduziert wird? Nacktheit ohne Vertrauen und persönlichen Schutzraum macht unfrei. Es funktioniert umgekehrt: Wenn wir frei und geborgen sind, können wir uns nackt zeigen.

Gegenseitige Abhängigkeit

Diese Geborgenheit scheint zwischen dem ersten Mann und der ersten Frau auf Anhieb vorhanden gewesen zu sein. In seiner Unverhülltheit war jeder für den anderen zugänglich und somit auch angreifbar. Es war keinesfalls so, dass allein die Frau ihrem Partner unterworfen gewesen wäre, sondern *beide* waren einander ausgeliefert. Weil sie sich vertrauen konnten, spürten sie kein Bedürfnis, sich voreinander zu schützen. Offensichtlich empfanden sie ihre Nacktheit nicht als Problem, obwohl jeder von beiden einen Grund gehabt hätte, sich dem anderen unterlegen zu fühlen.

Adam hatte Eva als Hilfe „verordnet" bekommen, weil sein Schöpfer der Meinung gewesen war, dass er das nötig hatte. War dieses weibliche Wesen etwa irgendwie besser oder wichtiger als er? Manche Bibelausleger sind der Meinung, dass der ganze Schöpfungsbericht auf die Erschaffung der Eva als krönenden Abschluss hinauslaufe.[3]

Andere Bibelausleger argumentieren dagegen, dass gerade der Umstand, dass Adam als Erster da war, seine hervorgehobene Stellung gegenüber der

Frau zeige. Getreu dem alttestamentlichen Erstgeburtsrecht komme deshalb ihm die grundlegende Führung zu.[4]

Eva hätte tatsächlich einen ebenso guten Grund gehabt, sich unterlegen zu fühlen. Schließlich waren die wichtigsten Dinge zwischen Gott und Mensch schon besprochen worden, als sie die Bühne betrat. Im Hintergrund der Darstellung auf dem großen, alten Bild (siehe Anfang des 3. Kapitels in diesem Buch) haben wir gesehen, dass Adam von Gott im Garten Eden als Gärtner eingesetzt wird. Adam ist es, der den Masterplan erklärt bekommt, er ist an der Klassifizierung der Tierwelt beteiligt und erfährt auch von dem Verbot. Eva weiß dies alles nur aus zweiter Hand, aber sie scheint sich nicht als zweite Geige gefühlt zu haben.

Also, was nun, Eva als Krönung der Schöpfung oder Adams Privilegierung als Erstgeborener? Das Problem bei *beiden* Ansätzen ist, dass sie ein Prinzip von außen in den Text hineintragen. Während der Gedanke der Krönung aus dem ersten Teil des Schöpfungsberichtes hergeleitet wird (das heißt, vom „Rahmen" unseres Bildes), wird die Idee der Privilegierung auf das Erstgeburtsrecht zurückgeführt, das aber erst zu einem späteren Zeitpunkt im Alten Testament zur Sprache kommt.

Die Argumentationen scheinen einander zu widersprechen. Aber wenn man einmal die Wertung aus ihren Beobachtungen weglässt, haben eigentlich beide Seiten recht: Mit dem Mann schafft Gott die Basis, mit der Frau bringt er die Schöpfung zur Vollendung. Basis und Krönung. Der Mann wird direkt aus der Erde gemacht, während die Frau ein Produkt der „Weiterverarbeitung" ist. Man kann es auch so auf den Punkt bringen: Adam bildet den Grundstein, während Eva die Verfeinerung des Ganzen ist. Es ist also aus meiner Sicht unsinnig zu diskutieren, wer von beiden höher steht oder wichtiger wäre.

Noch ein interessanter Aspekt: Adam wird im Schöpfungsbericht eindeutig als der Aktivere geschildert. Er benennt die Tiere und begrüßt Eva. Sie erwidert seine Initiative, lässt sich auf die Gemeinschaft mit ihm ein und stellt sich nun auch unter das Verbot, das Gott Adam gegenüber ausgesprochen und das Adam offenbar an seine Frau weitergegeben hat. (Dass Eva Bescheid wusste, als die Schlange sie verführen wollte, zeigt ihre Antwort in 1. Mose 3,2.)

Aber Adam hatte mit seinem aktiveren Part *keine Macht* über sie. Die Herrschaft lag allein bei Gott. Sowohl Adam als auch Eva hatten sich in die Welt mit ihren Gegebenheiten einzufügen, in die der Schöpfer sie gesetzt hatte. Adams Extrawissen gab ihm einen natürlichen Vorsprung in Sachen Leitungsverantwortung. Wenn er seiner Frau nicht von Gottes Auftrag erzählt hätte, hätte sie gar nicht gewusst, wozu sie eigentlich auf der Welt waren. Wenn er ihr nicht das Problem mit dem Baum der Erkenntnis erklärt hätte, hätte Eva vielleicht aus Versehen von der Frucht gegessen und sie hätten das Paradies womöglich noch viel früher verlassen müssen.

Berechtigt das, von einer allgemeinen „Führung" oder „Leitung" des Mannes in der Schöpfung zu sprechen? Wenn ja, dann nicht im Sinne einer Hierarchie, denn auf der Leiter standen sie nebeneinander – über sich hatten sie den Schöpfer und unter sich die Tierwelt und den Garten. Eva war an seine Seite gestellt worden. Keiner stand für sich. *Sie konnten nur gemeinsam stark sein.*

Vertrauen ist möglich

Was trägt diese Scherbe nun zu unserem großen, alten Bild bei? Offensichtlich nicht, dass wir die Klamotten weglassen sollen. Stattdessen scheint sie mir den Finger auf folgenden Punkt zu legen: Gemeinschaft zwischen Frau und Mann kann funktionieren! Vertrauen ist möglich, wenn wir uns nicht voreinander schämen müssen.

Was können wir nun dazu beitragen, dass wir uns weniger voreinander schämen müssen und Vertrauen wachsen kann? Darüber sollten wir uns einmal ernsthaft unterhalten! Hier nur ein paar Ideen:

- Kann es sein, dass meine „schlauen" Sprüche über Männer den einen oder anderen doch ernsthaft verunsichern? Wäre es gut, wenn ich das entweder bleiben lasse oder wenigstens zusätzlich klarmache, wie sehr ich Männer in Wirklichkeit schätze?
- Geht es noch mehr Frauen so wie meiner Freundin, die erzählt, dass sie sich Männern gegenüber oft so schrecklich inkompetent fühlt? Würde es ihr helfen, ab und zu ein anerkennendes Wort von einem Mann zu hören?
- Haben Sie schon einmal darüber nachgedacht, dass sich ein Mann Frauen gegenüber wie ein grober Klotz fühlen kann, weil er irgendwie merkt, dass er nicht merkt, was sie alles merken?
- Was könnte hilfreich sein, damit sich Frauen Männern gegenüber nicht wie kleine Kinder fühlen müssen, weil sie viel näher am Wasser gebaut sind und keine Nerven wie Drahtseile haben?
- Ob das ein oder andere Outfit, mit dem eine Frau einfach ein bisschen gut aussehen will, manchen

Mann doch auf ganz andere Gedanken bringt, für die er sich dann schämt? Haben wir vertrauensvolle Beziehungen, in denen wir einmal nachhaken können, was der eine oder andere Mann tatsächlich denkt? Würde es ihm nicht enorm helfen, wenn eine Frau ihn dafür nicht verachtet? Und würde es umgekehrt einer Frau nicht gewaltig helfen, wenn sie ab und zu ein Kompliment bezüglich ihres Aussehens bekäme? Dann bräuchte sie gar nicht so viel zu „schreien“, um endlich bemerkt zu werden.

Damit ist unser großes, altes Bild fertiggestellt. Ich würde gerne noch so viel erfahren: Wie war Eva als Person, wie sind sie im Paradies miteinander umgegangen, wie haben sie die Welt erkundet und ihren Auftrag erledigt? Wie sah das mit der Ergänzung praktisch aus? Wie ist Gott weiter mit ihnen umgegangen? Leider schweigt sich die Bibel darüber aus.

Vielleicht ist es auch ganz gut so, sonst würden wir wahrscheinlich ständig versuchen, die beiden zu kopieren. Ich finde, dass im Schöpfungsbericht eine ganze Menge offengelassen wird. Der grundlegende Rahmen für die Begegnung zwischen Männern und Frauen wird zwar beschrieben, aber darüber hinaus haben wir alle Freiheit der Welt, unsere Beziehungen kreativ zu gestalten. Unser Spielraum ist sehr viel größer, als manche frommen Christen uns glauben machen wollen!

*

Haben Sie etwas erfassen können von der Schönheit dieses Bildes? Wäre es nicht wunderbar, wenn wir alle so leben würden wie Adam und Eva im Paradies? Am liebsten würde ich das Buch jetzt beenden. Sieben Kapitel sind doch eine schöne, runde Zahl … Aber leider ist es ja nicht dabei geblieben. Der böse Geselle hat sich heimlich ins Atelier geschlichen und das Bild vollkommen versaut. Mit diesem zerstörten Bild müssen wir uns beschäftigen, denn leider leben wir nicht mehr im Paradies. Und leider sind die falschen Deutungen dieses zweiten Bildes für das Schicksal der Frauen noch verheerender gewesen als die Sache mit der Rippe.

Kapitel 8

Der Tag, an dem alles schiefging

Wir merken täglich, dass wir nicht in dieser heilen Welt des Vertrauens und der gegenseitigen Ergänzung leben. Die meisten wissen auch etwas über die Erzählung vom Sündenfall: Adam und Eva lehnten sich gegen Gott auf, indem sie von dem einzigen verbotenen Baum aßen. Die Schlange hatte sie verführt und ihnen versprochen, dass sie „wie Gott sein" würden. Der verbotene Baum hieß „Baum der Erkenntnis von Gut und Böse", und als sie von ihm gegessen hatten, erfuhren sie tatsächlich, dass es nicht nur die gute Welt des Paradieses gibt, sondern auch eine andere Realität, eine dunkle Seite: Sie mussten den Garten verlassen, das Leben wurde hart und mühsam und auch ihre Beziehungen waren fortan gebrochen. Ihr erster Sohn Kain ermordete seinen Bruder Abel.

Aber was ist eigentlich mit der Beziehung der Geschlechter passiert? Wie wurde sie durch den Sündenfall beeinträchtigt?

Fratzen der Vergangenheit

Wenn wir weiter im Scherbenhaufen graben, stoßen wir auf eine ganze Menge unglaublich hässlicher Fälschungen. Eva soll allein an allem schuld gewesen sein, weil sie sich von der Schlange beschwatzen ließ. Typisch Frau – labil und verführbar, unfähig, klare Prinzipien einzuhalten. Christliche Theologen der Antike und des Mittelalters beschimpfen sie als „Steigbügel Satans“ und „Tor zur Hölle“. Schon im Judentum schrieb ein apokryphes Buch: „Von einer Frau nahm die Sünde ihren Anfang. Ihretwegen müssen wir alle sterben.“[1]

Diese Sicht ist bis in unsere Zeit weitergegeben worden. In *Meyers Lexikon* von 1905 fand ich folgenden Eintrag zu „Eva“: „Eva, ... das erste Weib, das nach dem zumeist von ihr verschuldeten Verlust des Paradieses zum Kindergebären verurteilt wird.“[2] Hier wird nüchtern wiedergegeben, was der Wissensstand jener Zeit – also gerade einmal vor hundert Jahren! – war: Der Verlust des Paradieses ist vor allem von Eva verschuldet worden. Und: Kindergebären ist eine Strafe Gottes (!?).

Aber die Verunglimpfung ging noch weiter: Die böse Eva habe bewusst ihre Verführungskünste eingesetzt, um den armen Adam mit hineinzuziehen. Dem Teufel hätte er locker widerstanden, aber die sexuelle Verführung der Frau habe ihn schwachgemacht. Wie hätte der Held Adam auch sonst versagen können. Tertullian, einer der früheren Kirchenväter, schrieb bereits um das Jahr 200 dem weiblichen Geschlecht ins Stammbuch:

„Weißt du nicht, dass du Eva bist? Noch immer hängt Gottes Urteil über deinem ganzen Geschlecht. Du bist das Einfallstor des Teufels. Du hast dir alle Mühe gegeben, auch den Mann so weit zu bekommen, während der Teufel nicht fähig war, ihn anzugreifen.“[3]

Mit dem Sündenfall kam die Frau als Sexualität in Person in Verruf. Das konnte mittelalterlichen Vorstellungen zufolge nur die Jungfrau Maria ausgleichen, die als „reine Frau" nun die Schuld Evas tilgen sollte. Frausein gab es in der alten Kirche bald nur noch in zwei Ausprägungen: als biederes Heimchen oder als asexuelle Geistigkeit.[4]

Die arme Eva! Anstelle des neugierigen Mädchens, das sich in seiner Naivität von den Worten der Schlange beeindrucken ließ, sah man in ihr nun das ewig lockende Weib, das den Mann in den Abgrund stürzt. Es müssen schon kranke Hirne gewesen sein, die das fabriziert haben – oder sexuell frustrierte Mönche? Die Theologen der Antike und des Mittelalters lebten ja in Ordensgemeinschaften. Ich kann mich des Eindrucks nicht erwehren, dass hier die eigenen Impulse in die Frauen hineinprojiziert wurden, um sich des schlechten Gewissens zu entledigen. Die Abwertung der Frau – ein Produkt des Zölibats?

So wurde das weibliche Geschlecht in Heilige und Huren aufgeteilt. Gute Weiblichkeit war prinzipiell asexuell: in Reinform bei den Nonnen oder durch Mutterschaft sanktioniert bei der verheirateten Frau. Auch dem größten Asketen leuchtete ein, dass das mit der aufgetragenen Vermehrung sonst nichts werden konnte.

Was wirklich geschah

Puh, jetzt müssen wir – vor allem wir weiblichen Leser – sicher erst einmal einen Moment verschnaufen. (Wenn Sie jetzt Wut im Bauch spüren, können Sie sich freuen: Damit sind Sie auf dem besten Wege, die Entstehung des Feminismus zu würdigen!) Was für eine maßlose Ungerechtigkeit! War es für Eva nicht schon schwer genug gewesen, sich mit der Schlange persönlich auseinanderzusetzen? Oder, wie im 19. Jahrhundert eine amerikanische Frauenrechtlerin schrieb: „Adams sofortige Zustimmung zum Vorschlag seiner Frau zeigt nicht viel von der geistigen Überlegenheit, die Männer für sich in Anspruch nehmen."[5]

Warum schlagen wir uns überhaupt mit solch einem Mist herum? Ich sehe dafür zwei Gründe: Zum einen, weil er noch in so vielen Köpfen steckt (vor allem in den Köpfen derer, die das Christentum für eine Religion der Unterdrückung halten). Zum anderen ist es gut zu wissen, auf welchem Scherbenhaufen wir auch in unserem sogenannten „christlichen Abendland" leben.

Was steht denn nun wirklich da? Schauen wir uns ein weiteres Mal auf dem Scherbenhaufen um und setzen die Bruchstücke zusammen. Ein paar für unser Thema besonders interessante Details will ich aufgreifen:

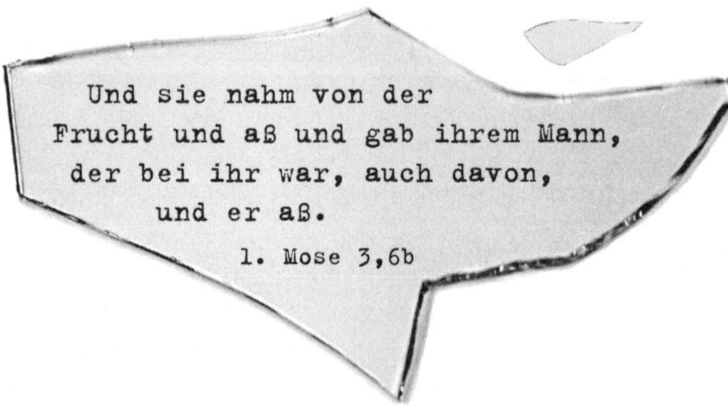

Adam war dabei! Er hat die ganze Diskussion mit der Schlange mitgehört. Warum hat er nichts gesagt? Eva hatte sich erst recht tapfer geschlagen und Gottes

Verbot verteidigt. Doch dann lässt sie sich auf die Versprechungen der Schlange ein. Die alte Angst, etwas zu verpassen. Ausgerechnet Gott, der doch so gut zu ihnen gewesen ist, wird zum Objekt des Misstrauens. Und Adam steht daneben und rührt sich nicht. Das kann man nur als stilles Einverständnis ansehen.

Als Eva ihm die Frucht weiterreicht, kommt kein Protest, wie Eva ihn noch gegenüber der Schlange geäußert hatte. Und das, obwohl er Gottes Anweisung aus erster Hand hatte. War er so lethargisch und mit sich selbst beschäftigt, dass er nichts mehr mitgekriegt hatte? Oder juckte es ihn insgeheim zu sehen, was nun passieren würde, und er war froh, sich nicht selbst die Finger schmutzig machen zu müssen? Als Gott ihn hinterher auf seine Tat anspricht, schiebt er seine Frau vor: „Die Frau, die du mir beigesellt hast, war's!" Ganz schön dreist, auch noch Gott den Schwarzen Peter zuzuschieben!

Das verdrehte Verhältnis

Nein, der Mann kommt kein bisschen besser weg als die Frau. In ihrer Entzweiung ziehen sie doch beide unheilvoll an einem Strang. Wir sehen hier, wie sich das Verhältnis zwischen ihnen völlig verändert: Die Frau steht nicht mehr an der Seite des Mannes, sondern orientiert sich an der Schlange. Obwohl sie weiß, dass Gott mit ihm direkt über den Baum gesprochen hat, bezieht sie ihn nicht in die Diskussion mit ein. Er bleibt seinerseits passiv und lässt sie ins offene Messer laufen.

Man kann viel darüber spekulieren, warum sich die Schlange an Eva wendet. Ist sie die Schwächere? Sind

Frauen etwa nicht so intelligent und durchsetzungsfähig, dafür schneller sinnlich zu verführen und offener für die übernatürliche Welt? Diese Erklärungen liest man immer wieder, aber der Text bietet dafür keinerlei Anhaltspunkte. Immerhin ist Eva diejenige, die der Schlange argumentativ noch etwas entgegenzusetzen hat.

Auch wenn ich an unsere heutige Zeit denke, finde ich diese Erklärungen so nicht bestätigt. Während sich zum Beispiel in der Esoterik tatsächlich vermehrt Frauen mit Okkultem beschäftigen, sind es in anderen Kulturen häufig die Männer, die als Medizinmänner, Schamanen oder in Voodoo-Tänzen Kontakt mit den Geistern aufnehmen.

Den entscheidenden Vorteil findet die Schlange bei Eva nicht in irgendwelchen psychologischen Gegebenheiten (obwohl es sich sicher lohnen würde, über die unterschiedlichen Angriffspunkte bei Männern und Frauen nachzudenken!), sondern in der Tatsache, dass Eva von dem Verbot nur aus zweiter Hand wusste. Sicher war es weit weniger eindrücklich gewesen, diese Information von Adam zu erhalten, als sie vom Schöpfer persönlich direkt ins Gesicht gesprochen zu bekommen. Eva weiß zwar Bescheid, aber letztlich ist in dieser Sache doch Adam der Fachmann. Dass der danebensteht und nichts einzuwenden hat, hat sie sicherlich in ihrem Tun bestärkt.

Hätte sie ihn doch bloß direkt angesprochen! „Hey Adam, was meinst du? Eigentlich war das doch anders gedacht, oder?“ Darin liegt ihr entscheidender Fehler: Sie bezieht ihn nicht in ihr Handeln mit ein. Und an diesem kritischen Punkt versagt auch Adam: Er lässt sie im Regen stehen. Nichts ist mehr übriggeblieben von seiner Lobhymne auf die Frau („Endlich Fleisch von meinem Fleisch, wir gehören zusammen!"). Auch bei Eva hat sich ein Wandel vollzogen: Sie stellt sich in der Welt des Schöpfers nicht mehr an die Seite ihres Mannes. Nicht, dass sie nicht mehr für ihn sorgen würde: Fürsorglich reicht sie ihm von der Frucht. Aber sie ist nicht mehr seine Erweiterung, die Seite aus seiner Seite – und er fühlt sich nicht mehr zuständig für sie. Das große, alte Bild ist zerstört.

Die Folgen

Aber Gott lässt sich davon nicht beeindrucken. Als er den beiden nachgeht und sie sich im Garten verstecken, spricht er *den Mann* an. Für ihn ist in dieser Angelegenheit immer noch Adam der Ansprechpartner. Dann beginnt das Schwarzer-Peter-Spiel: Adam weist auf Eva und auf Gott, der sie ihm gegeben hat, Eva schiebt die Schuld auf die Schlange. Aber keiner kann sich rausreden, alle hängen mit drin. Sogar der Erdboden wird verflucht – um Adams willen.

Eva stellt sich als die Betrogene hin, dabei wusste sie, was sie tat! Vielleicht dachte sie, dass das alles nicht so streng gemeint sein könne, sonst hätte Adam sich doch gerührt; aber die Verlockung der Schlange, so zu werden wie Gott, macht ihre Handlung eindeutig zu einem Akt der Rebellion gegen den Schöpfer.

Deswegen müssen sie den Paradiesgarten verlassen und die Folgen des Bruchs mit Gott tragen. Für den Mann bedeutet das vor allem harte Feldarbeit: Nachdem ihm im Garten die Früchte vor der Nase hingen, muss er nun „im Schweiße seines Angesichts" trockenen Erdboden bebaubar machen. Außerdem kehrt nun der Tod ins Leben ein: „Aus Erde bist du gemacht, zu Erde wirst du werden." In diesem Satz schwingt eine unmissverständliche Anspielung auf die Selbsterhebung des Menschen mit, als ob Gott sagen würde: „Du wolltest sein wie ich – pah, aus Staub bist du entstanden, durch meinen Atem, und zu diesem Staub wirst du auch wieder werden, wenn ich meinen Atem abziehe!"

Für die Frau bedeutet die Vertreibung aus dem Paradies vor allem, dass sie in ihrer Fähigkeit, Kinder auszutragen, leiden muss: Schwangerschaft und Geburt werden nun mit Schmerzen einhergehen und ihre Gemeinschaft wird ein Gefälle bekommen:

> Zur Frau sprach er:
> und dein Verlangen wird nach deinem Manne sein, aber er wird über dich herrschen.
> 1. Mose 3,16b

Wieder hat sich in Luthers Übersetzung eine Ungenauigkeit eingeschlichen, die verhängnisvolle Folgen gehabt hat. Noch heute (in der Revision von 1984) liest sich der Text so: „Er soll dein Herr sein." Das klingt nach dem „Eheherrn", der nach Gottes Willen als Herr des Hauses eingesetzt ist. So ist es im Luthertum lange gelehrt worden. Frauen sollten in allem ihrem Mann gehorchen und ihm dienen.

Hier müssen wir noch einmal zum hebräischen Original zurückgehen. Das Wort, das dort verwendet wird, hat nichts mit dem Herrsein zu tun, mit dem im Alten Testament Gott oder ein menschlicher Herr in Verbindung gebracht wird, auch nicht mit der verwaltenden Herrschaft der Menschen über die Erde, die wir in Kapitel 2 besprochen haben. Nein, mit diesem Wort, das in 1. Mose 3,16b verwendet wird, wird ein machtvolles Be-herrschen beschrieben, das tatsächlich auch Gewalt und Unterdrückung beinhalten kann.[6] Das ist etwas völlig Neues nach der heilen Welt des Paradieses!

Heißt das etwa, dass dem Mann *vorgeschrieben* wird, die Frau zu unterdrücken?! Das könnte die Lutherübersetzung mit der Formulierung „er soll" nahelegen. Von Luther ist auch folgender Ausspruch überliefert:

„Der Mann hat im Hause das Regiment … Denn Gott sagt zum Weib: Du sollst dem Mann untertan sein (1. Mose 3,16)."[7]

Nach Luthers Verständnis war mit dem Wort „sollen" aber keine Aufforderung zur Unterdrückung gemeint, sondern es sollte zum Ausdruck bringen, dass nach dem Sündenfall eine neue Ordnung eingesetzt worden war. Die heutigen deutschen Übersetzungen schwanken zwischen „er *soll* herrschen" und „er *wird* herrschen". Beides ist von der hebräischen Verbform her möglich.

Dennoch kann inhaltlich an dieser Stelle keine Vorschrift gemeint sein. Diese Verbform zieht sich nämlich einheitlich durch den Abschnitt der sogenannten „Strafsprüche", die in den Versen 14–19 folgen.[8] Insgesamt zwölfmal wird in diesen Versen gesagt, was ab jetzt so sein wird oder sein soll. Es würde wohl auch niemand auf die Idee kommen, dass der Mann aktiv dazu aufgefordert wird, sich die Mühe bei der Arbeit besonders groß zu machen, oder dass die Frau alles daransetzen soll, dass ihre Schwangerschaft besonders schmerzhaft wird.

Nein, hier werden traurige Folgen aufgezählt. Schlangen werden auf dem Boden kriechen, weil die Welt ab jetzt so sein wird – und Männer werden Frauen Gewalt antun, weil das zum Unheil der gefallenen Welt dazugehören wird wie Krankheit und Tod. Was verantwortliches Handeln war, wird nun zur rivalisierenden Herrschaft. Nachdem die ersten Menschen die Autorität Gottes ausgeschlagen haben, müssen sie ab jetzt mit ihren eigenen konkurrierenden Machtansprüchen zurechtkommen.

Vorher stand Adam unter der Autorität Gottes. Als er Eva die Ordnungen Gottes weitergab, leitete er sie an, aber er bestimmte sie nicht. Nun ist Eva seiner Herrschaft ausgeliefert, sei sie liebevoll oder tyrannisch. Ob es nun eine Strafe für Evas Vorpreschen ist, eine vorbeugende Maßnahme, um die Gemeinschaft der Geschlechter nicht ganz auseinanderfallen zu lassen, oder ob sonst eine tiefere Logik dahintersteht: Frauen werden sich zu Männern hingezogen fühlen, auch wenn diese sie nicht immer gut behandeln werden. „Dein Verlangen wird nach deinem Mann sein."

Hier scheint mir besonders der sexuelle Bereich angesprochen zu sein, denn in der ganzen übrigen Strafrede geht es um das Kinderaustragen. Parallel dazu hat die Rede an Adam ebenfalls ein einziges Oberthema, nämlich den Erdboden. In der Tat ist sexuelle Gewalt gegen Frauen ein Kernbereich männlicher Aggression gegen das weibliche Geschlecht.

Viele Formen der Unterdrückung zielen darauf ab, sich die Frau sexuell gefügig zu halten: Die abgebundenen Füße sollen die Frau daran hindern wegzulaufen, die verstümmelten Genitalien vergällen ihr den Spaß am Sex mit einem anderen und „häusliche Gewalt“ hat oft etwas mit erzwungenem Geschlechtsverkehr zu tun.

Welchen Schmerz muss Gott empfunden haben, als ihm seine Geschöpfe die Rote Karte zeigten! Dabei hatte er doch alles so gut für sie gemacht. Er wusste ja, welche Folgen nun auf sie warteten. Hatte er sie nicht ausdrücklich gewarnt, dass es in dieser Sache keine zweite Chance geben, sondern der Tod in ihr Leben einkehren würde? Selbst wenn er ihnen den Magen ausgepumpt hätte: das Gift der Frucht war nun in ihnen. Sie hatten „erkannt, dass sie nackt waren“ – ihre Unschuld war verloren. Sie würden nie wieder dieselben sein.

Was vom Paradies übrig blieb

Als Gott mit dem Mann sprach, fielen auch die Worte: „Weil du auf die Stimme deiner Frau gehört hast und von dem Baum gegessen hast, den ich dir verboten hatte ...“ – heißt das etwa, dass ein Mann sich von einer Frau nichts sagen lassen sollte? Ganz bestimmt nicht! Wie sollte das mit der Ergänzung sonst auch funktionieren? Aber in dieser Situation stand das Wort Gottes gegen Evas Angebot. Gott stellt unmissverständlich klar, dass sich auch Adam bewusst gegen ihn entschieden hat, als er auf Evas Einladung eingegangen ist.

Ich habe den Eindruck, dass die Gleichwertigkeit der beiden auch nach dem Sündenfall auf ihre Weise fortbesteht. Jeder wurde in seinem Kernbereich getroffen, nachdem er das Gebot übertreten hatte und auf seine eigene Schuld angesprochen wurde. Der Mann sollte von nun an besonders unter dem Ackerbau leiden, für den er als Bauer eingesetzt worden war, und die Frau besonders unter ihrem Mann, für den sie als Erweiterung gemacht war.

Auch die anderen Strukturen setzen sich fort: Der Bebauungsauftrag bleibt bestehen (V. 23), sie werden als Paar ein Fleisch werden, Kinder bekommen und die Erde füllen, und in ihrem harten Leben werden sie mehr denn je aufeinander angewiesen sein. Der Mann bleibt der Repräsentant des Menschengeschlechts, denn als Gott Adam und Eva aus dem Paradies schickt, meint er damit den „Menschen" – oder als Name verstanden, „den Adam" (V. 22–24). Adam ist weiterhin der Ordnende, doch der Name, den er der Frau gibt, zeugt von seiner tiefen Ehrfurcht vor der Bedeutung, die sie für alle Nachkommen hat:

> Und Adam nannte seine Frau „Eva",
> denn sie wurde die Mutter
> aller, die da leben.
>
> 1. Mose 3,20

Obwohl Adam als Erzeuger genauso an der Fortpflanzung beteiligt ist, spricht er der Frau die besondere Würde zu, die Lebensträgerin zu sein. Hier wird etwas von dem Respekt deutlich, den Männer vor der Gebärfähigkeit der Frauen haben können. Ihnen muss es wie ein Geheimnis erscheinen, was in uns Frauen natürlich heranreift und uns Schritt für Schritt körperlich wie seelisch bereit macht, ein neues Leben zur Welt zu bringen.

Wie es weiterging

Wie ein Stoßseufzer klingt Evas Name: „Mutter aller Lebenden" – es gibt also eine Zukunft! Das Leben geht weiter, zwar unter stark erschwerten Bedingungen, aber mit der Vertreibung aus dem Paradies ist noch nicht alles aus. Adam und Eva werden Kinder haben, die sich untereinander weiter vermehren und eine Kultur schaffen werden. Der Alte Orient wird die patriarchale Gesellschaft hervorbringen, in der Männer mehrere Frauen haben können und der Vater als Oberhaupt eines Familienclans die wichtigste Rolle spielt. Im mosaischen Gesetz wird Gott die patriarchale Ordnung nicht über den Haufen werfen, aber an vielen Stellen dafür sorgen, dass die Frauen in ihrer unterlegeneren Position Schutz und Gerechtigkeit erfahren.

Männer und Frauen werden zwischen Liebe und Hass füreinander hin- und hergerissen sein. Seelen und Beziehungen werden kaputtgehen. Die Scherben werden sich ansammeln, aber die Menschheit wird nicht aussterben. Sie wird nach Erlösung schreien und eines Tages wird ihr Erlöser erscheinen. In der Person Jesus von Nazareth wird er einen Umgang mit Frauen vorleben, wie es das Judentum seiner Zeit nicht gekannt hat: voller Respekt und Zuwendung. Er wird das Verhältnis zum Schöpfer wiederherstellen, und das wird sich auch auf die Beziehung der Geschlechter auswirken. Das große, alte Bild wird restauriert werden.

Die Menschen, die ihm nachfolgen, werden dieses Bild weitertragen, aber sie werden es oftmals auch verzerren und beim Abmalen Bilder aus ihrer Umgebung mit hineinprojizieren. Antike Vorstellungen von Enthaltsamkeit und der Unterlegenheit des Weiblichen werden sich auch im Christentum breitmachen und den Scherbenhaufen weiter anwachsen lassen. Nach einer ersten Phase der Freiheit werden Frauen wieder aus dem öffentlichen Leben verschwinden.

In der Abgeschiedenheit des Klosterlebens werden sie Nischen für ihre geistige Entfaltung finden, ansonsten werden sie zum größten Teil ganz von ihren Aufgaben als Ehefrau, Mutter und Hausfrau beansprucht werden. Die einfache Bevölkerung, die Bauern und Handwerker, werden die vielfältigen Herausforderungen gemeinsam tragen, um das harte Leben bewältigen zu können.

Hin und wieder werden einzelne Frauen auf die Bühne der Weltgeschichte treten, sei es als mächtige Königinmutter, Fürstäbtissin (Leiterin eines Klosters, dem ein ganzer Landstrich politisch unterstellt ist) oder Gelehrte (meist im Rahmen des klösterlichen Standes). Andere werden gnadenlos verfolgt und ermordet werden, wenn gegen Ende des Mittelalters die großen Hexenverfolgungen ausbrechen. Die Reformation um Martin Luther und die anderen Reformatoren wird Frauen als sexuelle Wesen aufwerten, ihnen aber gleichzeitig die Rückzugsgebiete der Frauenorden nehmen.

Mit Humanismus und Aufklärung wird ein neues Zeitalter anbrechen, das den Menschen zum Maß aller Dinge machen wird. Aber dieser „Mensch" wird meistens der Mann sein: Die Frau wird weiterhin ein Schattendasein fristen. Mit der Industrialisierung wird sich ihr Lebensraum weiter verkleinern, denn die Arbeits- und Wirkungsstätten der Männer werden im großen Maßstab ausgelagert werden, weg von Haus und Hof. Übrig bleiben wird die Kleinfamilie.

Ein neuer Widerstand wird sich formieren; Frauenbewegungen werden für das Recht auf Wahlbeteiligung und Berufstätigkeit kämpfen, während männlich dominierte Wissenschaft und Philosophie die Überlegenheit des männlichen Geschlechts weiter „untermauert". Die beiden eingangs erwähnten Hügel werden errichtet werden: der „Traditionshügel" und der „Emanzipationshügel". In den Kämpfen zwischen diesen beiden Hügeln und den Ideen ihrer Bewohner wird noch viel mehr Porzellan zerschlagen werden.

Wird uns das große, alte Bild dann noch etwas zu sagen haben? Wird es den Anhängern Jesu gelingen, zu seiner Restaurierung beizutragen?

Kapitel 9

Ringen mit Paulus

Halt! Bevor wir uns mit unserer heutigen Situation beschäftigen, will ich etwas einschieben. Ich sehe sie nämlich schon eine ganze Weile vor mir: die Leser, die mit den Füßen scharren und den Satz auf den Lippen haben: „Aber Paulus hat doch gesagt ...!"

Der eine oder andere von Ihnen hat wahrscheinlich dieses Kapitel aufgeschlagen, bevor er überhaupt irgendetwas anderes in diesem Buch gelesen hat. Viele Christen denken bei Geschlechterfragen sofort an Paulus und die Betätigungsfelder in der Gemeinde. Manche messen sogar den Grad der Bibeltreue anderer an ihrer Haltung zu der Frage, ob eine Frau predigen darf.

Menschen, die dem Christentum kritisch gegenüberstehen, haben zur Begründung meistens irgendeinen chauvinistisch anmutenden Satz von Paulus im Köcher, den sie nun ebenfalls in Schussposition gebracht haben. Wenn das große, alte Bild auf sie eine Wirkung entfaltet und sie sich dabei ertappen, sich doch von der Bibel angesprochen zu fühlen, gehen sie schnell zu dem Satz über: „Hört sich ja alles ganz nett an, aber es gibt schließlich noch diese Aussagen von Paulus ..."

Es scheint fast unmöglich zu sein, sich mit den Geschlechtern und den entsprechenden Aussagen in der

Bibel zu beschäftigen, ohne sich sofort den Satz um die Ohren zu hauen: „Eine Frau schweige!" Anhand dieses Satzes ist mir im Lateinunterricht der Konjunktiv beigebracht worden (!). Wenn wir sonst auch nichts von Paulus wussten, so doch dies: Ein Frauenfeind war er, der Wicht!

Ein weiteres absolutes Reizwort von Paulus ist der Begriff der *Unterordnung,* die er in mehreren Briefen anspricht. Ist Ihnen etwas aufgefallen? Dieses Wort kommt bisher in diesem Buch gar nicht vor! Und das mit voller Absicht, denn es ist bei uns heute so aufgeladen, dass man meistens gar nicht erst zu einer sinnvollen Diskussion darüber kommt, was Paulus denn damit gemeint haben könnte. Wir sehen in dem Wort sofort einen Gegensatz zur Gleichstellung und stecken viel zu tief in den Bildern unserer Kulturgeschichte, auf denen Frauen ihren Männern gehorchen mussten, als dass wir bei dem Wort ruhig bleiben und zweimal hinschauen könnten.

Da es in unseren Texten vom Anfang der Welt nicht auftaucht, können auch wir in diesem Buch ganz gut ohne diesen Begriff auskommen. Was Paulus mit Unterordnung *meint,* passt meiner Ansicht nach aber hervorragend zu unserem großen, alten Bild.

Auch ohne die Frage nach dem *Dienst von Frauen* in der Gemeinde haben sich die ersten 97 Seiten ganz gut füllen lassen. Ich finde es schrecklich, wenn in manchen christlichen Kreisen jedes interessante Gespräch über die Geschlechter über kurz oder lang bei der Frage landet, wie denn die Rolle von Frauen im Gottesdienst aussehen sollte, meistens mit den Worten: „*Darf* eine Frau … ?" Zum einen finde ich die Formulierung leicht beleidigend – als ob man Frauen immer kräftig auf die Finger schauen müsste, damit sie nicht über irgendwelche Stränge schlagen –, zum anderen wird hiermit eine konkrete Einzelfrage zum Kern der Sache erhoben.

Natürlich müssen Gemeinden zu dieser Frage irgendeine Position finden und sollten sie auch begründen können. Aber ist das etwa alles, was die Geschlechterbeziehung hergibt? Die meisten gehen bei den entsprechenden Stichworten sofort in Angriffsstellung, entweder aus Angst, die gesamte Autorität der Schrift baden gehen zu sehen, oder weil sie befürchten, sämtlicher persönlicher Entfaltungsmöglichkeiten beraubt zu werden. Können wir die Schätze noch sehen?

Deshalb steht in diesem Buch einmal die Schöpfung im Vordergrund. *Back to the roots* sozusagen. Die Schreiber des Neuen Testaments haben es ganz ähnlich gemacht, denn wenn sie etwas über Frauen und Männer sagen, ziehen sie oft dieselben Sätze heran, die wir uns in den vorangegangenen Kapiteln so genau angeschaut haben. Auch Paulus macht da kein neues Fass auf. Manche seiner uns so fremd bis abstoßend erscheinenden Texte sind mir im Laufe der Jahre in einem ganz neuen Licht erschienen, je intensiver ich mich mit dem Schöpfungsbericht beschäftigt habe. Darum nun also ein paar Sätze zu Paulus und wie er zu unserem großen Bild passt.

Paulus und das große, alte Bild

Für Paulus ist das große, alte Bild – also der Schöpfungsbericht, den wir besprochen haben – **die zentrale Grundlage** für seine Überlegungen zum Verhältnis zwischen Frauen und Männern. Sowohl beim Thema Ehe/Partnerschaft als auch bei Themen wie Prostitution und Aufgabenspektrum in der Gemeinde argumentiert Paulus mit diesem Text (was mich übrigens darin bestätigt, in der Erschaffung der Geschlechter nicht nur ein Muster für Partnerschaften zu sehen). Maßstab ist für ihn nicht das Leben nach dem Sündenfall, sondern der Zustand im Paradies. Dass in Jesus die neue Schöpfung angebrochen ist, bedeutet für ihn, dass auch das Verhältnis zwischen den Geschlechtern wiederhergestellt wird.

Wie Jesus ist Paulus ohne Berührungsängste eng und freundschaftlich **mit Frauen umgegangen.** Manche waren enge Mitarbeiterinnen, die er in seinen Briefen oft persönlich und sehr wertschätzend erwähnt. Seine Briefe erwecken den Eindruck, dass es für ihn selbstverständlich war, vor Ort mit Frauen wie mit Männern Hand in Hand zu arbeiten.

Genauso selbstverständlich folgte für ihn aus der Erlösung in Christus, die allen Menschen gilt, dass **Frauen genauso viel wert** sind wie Männer. Den Kontrast sieht er nicht zur ursprünglichen Schöpfung, sondern zu den gesellschaftlichen Verhältnissen seiner Zeit: „Hier ist nicht Jude und Grieche (= jüdische Unterscheidung zwischen Gottesvolk und Heiden), noch Sklave und Freier (= antikes Sklavensystem), noch Mann und Frau“ (Galater 3,28). In der antiken Gesellschaft war die Frau aus dem öffentlichen Leben mehr oder weniger ausgeblendet. Auch im Judentum jener Zeit hatte sich eine unglaubliche Geringschätzung von Frauen etabliert, die auch an manchen Stellen der Bibel, in denen Jesus Frauen begegnet, angesprochen wird. So war es beispielsweise üblich, dass ein Mann sich in der

Öffentlichkeit nicht mit Frauen abgab; eine Frau hatte keine Rechte und konnte beispielsweise von ihrem Ehemann wegen eines angebrannten Essens in die Wüste geschickt werden. Hier setzt Paulus wie Jesus radikal andere Maßstäbe.

Deshalb ist der Begriff der **Unterordnung** bei Paulus so zentral. Zu den Ordnungen im Leben gehört das Element der Leitung, gepaart mit Verantwortung – sowohl im Staat als auch in den Gemeinden und Familien. In den Familien gilt: Kinder ordnen sich ihren Eltern unter (nicht nur ihren Vätern!) und Frauen ihren Männern. Das ist der springende Punkt, an dem sich so viel Empörung entzündet.

Was Paulus mit dieser „Unterordnung" meint, erklärt er im Epheserbrief (Epheser 5,22–23): Der Mann als das „Haupt" soll seine Frau *lieben* wie sein eigenes Fleisch. Die Frau soll ihn dafür *achten* oder *ehren*. Man sollte sich einmal klarmachen, was Paulus also *nicht* meint: Befehlsgewalt über die Frau, die ihm zu gehorchen habe. Seine Vorstellung von „Unterordnung" verbindet er an keiner Stelle mit dem Satz an die Frau, dass sie nach dem Sündenfall von ihrem Mann „beherrscht" werden würde. Überhaupt scheint diese Funktion als Haupt der Familie nicht mit Herrschaft, sondern mit Fürsorge verbunden zu sein. Sich unterzuordnen bedeutet, sich unterzustellen – wie unter einen Schirm oder ein Dach. Ich vertraue mich jemandem an. Mein Vertrauen kann sich auch darin ausdrücken, dass ich Entscheidungen mittrage. Liebe und Respekt bedingen sich gegenseitig.

Auch sexuell ist die Frau dem Mann nicht einseitig ausgeliefert, wenn Paulus zum Beispiel erklärt: „Die Frau verfügt nicht über ihren Leib, sondern der

Mann. *Ebenso verfügt der Mann nicht über seinen Leib, sondern die* Frau" (1. Korinther 7,4; LÜ; Hervorhebung durch die Autorin). Auch bei Frauen spielt seiner Ansicht nach der eigene Sexualtrieb eine aktive Rolle: „Den Ledigen und Witwen sage ich: Wenn sie sich nicht enthalten können, sollen sie heiraten" (1. Korinter 7,8a–9a; LÜ; vgl. auch 1. Timotheus 5,11). Wie anders klingen Formulierungen aus dem konservativen Bürgertum von den „ehelichen Pflichten" der Gattin gegenüber ihrem Mann! Wir denken bei „Unterordnung" augenblicklich an Kadavergehorsam wie in einer Armee, deshalb haben wir mit dem Wort solche Probleme.

An einer Stelle spricht Paulus die **Erschaffung der Frau** an: „Der Mann ist nicht aus der Frau, sondern die Frau aus dem Mann ..." Er erwähnt weder eine Rippe noch eine Seite, sondern hebt auf die Herkunft ab, in der er gleichzeitig eine Lebensbestimmung sieht: „... denn der Mann wurde nicht wegen der Frau geschaffen, sondern die Frau wegen des Mannes" (1. Korinther 8,8–11). Auch hier können wir unsere liebe Not mit der Formulierung „wegen des Mannes" oder „um des Mannes willen" haben. Das klingt für unsere heutigen Ohren so, als ob die Frau kein eigenes Existenzrecht hätte! Aber denken wir daran, wie die Lage war: Gott stellte fest, dass der Mann eine Hilfe brauchte, um das Leben mit all seinen Aufgaben bewältigen zu können. Er war als Verwalter für die Welt gedacht und nun ist die Frau als seine Unterstützung dabei nötig. Das schmälert ihrer beider Würde als Menschen überhaupt nicht, im Gegenteil: Jeder hat als Individuum die Ehre, einen ganz eigenen Platz in der Welt einzunehmen, um gemeinsam Gottes Berufung nachzukommen, sein Ebenbild zu sein. Ich denke, dass Paulus es genauso gesehen hat – seine Worte an seine Mitarbeiterinnen (vgl. z. B. Römer 16,1–15) und sein Plädoyer für eigenständige Singlefrauen (vgl. 1. Korinther 7,25–40) sprechen eine deutliche Sprache.

Ganz wichtig ist bei dieser Paulusstelle der Zusammenhang: In Korinth war wie in anderen großen Städten eine Art **Emanzipationsbewegung** in Mode gekommen. Christen hängten sich an antike Strömungen, die die geschlechtliche Identität zugunsten einer höheren, „geistigeren" Seinsstufe überwinden wollten. Manche junge Gemeinden hatten Mühe, die in Jesus gebrachte Erlösung von dieser sogenannten gnostischen Erlösungslehre zu unterscheiden, und machten sich daran, Ehe, Familie und staatliche Ordnung aufzulösen. Deshalb warnt Paulus zum Beispiel vor den Leuten, die „lehren werden, dass man nicht heiraten soll" (1. Timotheus 4,3; vgl. 1. Korinther 7,1) oder vor den Frauen, die ihre Familien zurücklassen, um sich ganz den geistigen Dingen zu widmen (1. Timotheus 2,15). Der zentrale Gedanke in diesen Stellen ist: Die christliche Erlösung *überwindet* nicht die Schöpfung, sondern *stellt sie wieder her.* Sie führt nicht ins Chaos, sondern in eine gute Ordnung.

In den beiden berühmt-berüchtigten Bemerkungen von Paulus über Einschränkungen im Auftreten von Frauen spielt dieses Prinzip ebenfalls eine zentrale Rolle. Die beiden Sätze **„Die Frau schweige"** (1. Korinther 14,34) und **„Ich erlaube einer Frau nicht zu lehren"** (1. Timotheus 2,12) sind Musterbeispiele dafür, wie fatal es sein kann, Worte aus ihrem Zusammenhang zu reißen. Die „schweigende Frau" soll nämlich „stattdessen zu Hause ihren Mann fragen, wenn sie etwas lernen will" (V. 35) – das heißt, die Korintherinnen hatten es damals einreißen lassen, im Gottesdienst lauthals ihre Fragen zu besprechen und ihre Kommentare abzugeben. Das ganze Kapitel handelt von chaotischen Zuständen in den Gottesdiensten und ruft alle Gruppen dazu auf, zuzuhören und sich in einen geordneten Ablauf zu fügen. Dass sich Frauen öffentlich am Gottesdienst beteiligen, erwähnt Paulus kurz vorher ganz selbstverständlich: Auch sie beten laut vor den anderen und geben sogar Prophetien weiter (vgl. 1. Korinther 11,5).

In der Stelle in 1. Timotheus 2 wird die Einschränkung näher erläutert: Paulus erlaubt den Frauen nämlich nicht, zu lehren *und über den Mann zu herrschen* (vgl. V. 12). Es geht hier meiner Meinung nach also konkret um diese antike Emanzipationswelle, die besonders im Osten des Römischen Reichs (wohin sich der Brief richtet) sehr einflussreich war. Teil dieser Welle waren Schriften, die die biblische Erzählung von der Schöpfung – unser großes, altes Bild – aufgriffen und ins Gegenteil verkehrten. Diesen Ansichten zufolge war mit Adam die Sünde in die Welt gekommen und mit Eva die Erlösung.[1] An dieser Stelle sagt Paulus: „Moment mal, ihr verfälscht den Schöpfungsbericht! Natürlich hat Eva gesündigt. Und Eva kam *nach* Adam."

Im weiteren Verlauf des Briefes wird die massive Unterwanderung durch Leute, die andere Lehren ins Christentum einschmuggelten, mehrmals erwähnt. Eine Strategie dieser falschen Lehrer war, sich an ungebildete Frauen zu wenden, diese auf ihre Seite zu ziehen und als Multiplikatoren zu nutzen (vgl. 1. Timotheus 5,13). In der Gemeinde in Ephesus, in der Timotheus inzwischen Gemeindeleiter war, muss die

Situation sich so verschärft haben, dass Paulus die Notbremse zieht und den Frauen verweigert, andere, die in den Glauben eingeführt werden wollen, in Sachen der christlichen Lehre anzuleiten.

Dass Frauen offensichtlich sowohl in Korinth als auch in Ephesus die „Dümmeren" waren, hatte einen bestimmten Grund: Die Einführung in das Christentum hatte viel mit den Grundlagen des Alten Testaments zu tun. Anhand der Heiligen Schriften, die zu der Zeit ja noch ausschließlich das heutige Alte Testament umfassten, erklärte man Gottes großen Plan. Das, was Jesus getan hat, wurde erst vor dem Hintergrund von Schöpfung und Sündenfall, Opfersystem und Messiasversprechen so richtig verständlich. Diejenigen, die sich damals in den Schriften auskannten, hatten dieses Wissen größtenteils von ihrer jüdischen Erziehung her, denn das Christentum war in diesen Gegenden ja erst ein paar Jahre alt. Die Rabbiner und Schriftgelehrten unterrichteten ab einer bestimmten „Klassenstufe" nur noch Jungen. Die antike Bildung, die Kinder zum Beispiel in Rhetorik und Logik unterrichtete – für die Lehre recht brauchbare Eigenschaften –, wurde üblicherweise den Mädchen ebenfalls vorenthalten. Es gab damals also ein enormes **Bildungsgefälle** zwischen den Geschlechtern.

Wie ist Paulus nun mit diesem Bildungsgefälle umgegangen? Nahm er es als gottgegeben hin? Beide unserer besagten umstrittenen Stellen bergen eine Formulierung, die man leicht überliest, weil es für uns heutzutage selbstverständlich klingt: „Die Frau *lerne*" (1. Korinther 14,35 und 1. Timotheus 2,11). Sie soll also nicht weiter unqualifizierte Bemerkungen abgeben, sondern dazulernen! Das kann nur bedeuten, dass Paulus erreichen will, dass Frauen sich weiterqualifizieren sollen, um nicht weiterhin kategorisch aus dem Lehrbereich ausgeschlossen zu bleiben. Daher vermuten manche Bibelausleger meiner Meinung nach zu Recht, dass das sogenannte „Lehrverbot“ für Frauen tatsächlich nur eine vorübergehende, punktuelle Maßnahme war. Paulus' Anliegen ist nicht, dass Frauen sich zurückhalten, sondern dass sie nicht die Schöpfungsordnung auf den Kopf stellen sollen – eine Ordnung, die sie an die Seite der Männer stellt und die natürlichen Vorgänge wie Sexualität und Kinderkriegen bejaht. Solange diese Dinge klar sind, haben sie alle Freiheit, sich so einzubringen, wie es die Mitarbeiterinnen von Paulus auch getan haben.

Fassen wir also zusammen: Paulus' Einstellung gegenüber Frauen folgt somit ganz der Linie seines Herrn. Auch Jesus hat sich an den ursprünglichen Schöpfungsabsichten Gottes orientiert (vgl. Matthäus 19,3-8). **Wie Jesus** wertet Paulus Frauen in ihrer Stellung auf, sprengt den Rahmen der jüdischen wie auch der offiziellen antiken Gesellschaft und lässt sie in den Schriften ausbilden. Aber wie Jesus in den Kreis der zwölf Apostel keine Frauen beruft, besetzt auch Paulus oberste Leitungspositionen nur mit Männern, jedenfalls soweit wir das sehen können.[2] Das wirft natürlich Fragen über die Rolle von Frauen in der Gemeinde auf, aber diese Fragen sollten nicht unser Gesamtbild von der Gleichwertigkeit und der Ergänzung der Geschlechter ins Wanken bringen.

Ich mag Paulus. Es tut mir richtig weh, wenn ihm so das Wort im Mund umgedreht wird, dass er am Ende als rigider Macho dasteht. Und nicht weniger tragisch erscheint es mir, wenn Frauen aus Rücksicht auf diese

Paulusstellen es nicht mehr wagen, öffentlich aktiv zu werden. Lieber bloß Kaffee kochen, da kann man nichts falsch machen. Nein, wir stehen nicht auf der sicheren Seite, wenn wir Frauen in Gemeinde und Gesellschaft an den Rand der Unscheinbarkeit verdrängen.

Aus Paulus' sorgfältigen Argumentationen können wir lernen, uns ein bisschen mehr Mühe zu geben, als einfach nur ein paar Verbotsschilder aufzustellen. Solange uns der oft genannte „Rückgriff auf die Schöpfung" nicht dazu animiert, uns zu entfalten und im Dienst an Gott und dieser Welt zu wachsen, haben wir etwas noch nicht begriffen.

*

So viel also zu Paulus. Er arbeitet mit dem großen, alten Bild auf eine Art und Weise, wie man es von ihm als gutem Theologen erwarten kann: Er zieht es bei neuen Fragen als Grundlage heran und zeigt auf, was es in der jeweiligen Situation zu sagen hat. Solche Übertragungen von Gedanken aus einem Kontext in einen anderen Zusammenhang bezeichnet man auch als „Kontextualisierung".

Paulus vermittelt die riesige Freiheit, in die Frauen wie Männer durch den Neuen Bund in Jesus gestellt sind. Diese Freiheit liegt gerade in der Wiederherstellung der Strukturen des Paradieses, nicht in Willkür und Chaos, denn gute Strukturen schaffen Lebensraum, in dem man sich bewegen und etwas gestalten kann. Paulus ist ein Freund der Frauen und des Lebens.

Alle wieder im Boot? Schön, dann machen wir weiter mit der Frage, was das große, alte Bild für uns heute bedeutet – und auf welche Weise es weiterhin verzerrt wird. Dazu werden wir auf den Scherbenhaufen steigen. Ziehen Sie sich am besten Gummistiefel an – an manchen Stellen kann es recht spitz und scharf werden. Als Erstes erkunden wir den „Traditionshügel“ – den Ort, der sich für den Hüter des Christentums hält.

Kapitel 10

Zurück an den Herd?

Schade, dass Sie jetzt nicht vor mir sitzen!

Dann könnten wir ins Gespräch darüber kommen, was Sie über das bis jetzt Gelesene denken. Kennen Sie manche der angesprochenen Situationen? Fühlen Sie sich zur Emanzipation hingezogen oder mehr zur Tradition? Oder sitzen Sie auch zwischen allen Stühlen? Welche Erfahrungen haben Sie in Ihrem Leben gemacht, mit Ihren Eltern, mit Partnerschaft, mit Ihrer Berufstätigkeit und Ihrem privaten Umfeld? Wie würden Sie am liebsten leben?

Sie kennen bestimmt die berühmte Fee, die einem drei Wünsche zur Erfüllung freistellt. Stellen Sie sich vor, sie hätte eine kleine Schwester, deren besondere Aufgabe es ist, das Verhältnis zwischen Männern und Frauen zu regeln. Diese Gender-Fee erscheint Ihnen jetzt und fragt Sie nach Ihren geheimsten Träumen. Haben Sie eine Vorstellung davon, was Sie sich wünschen würden? Wie hätten Sie die Welt gerne?

Zurück zur Tradition?

Bei manchen Menschen gewinnt man den Eindruck, sie würden die Zeit am liebsten einfach um hundert Jahre zurückdrehen. Vielleicht auch nur um fünfzig. Sie haben die Vorstellung, dass die Welt damals noch in Ordnung war: Die jungen Leute heirateten, gründeten eine Familie, der Mann schaffte das Geld ran und die Frau versorgte die Kinder und den Haushalt. Man sprach in diesem Zusammenhang auch von den „3 Ks" der Frau: „Kinder, Küche, Kirche".

Dagegen ist nichts einzuwenden. Ich denke, dass viele Frauen dabei recht zufrieden waren, jedenfalls nicht unglücklicher als wir heute. Eine klare Rollenverteilung hat viele Vorteile: Man kann sich von Kind auf darauf vorbereiten, und wenn es dann so weit ist, weiß jeder ungefähr, was er von anderen zu erwarten hat und was von ihm erwartet wird.

Außerdem ist diese klassische Rollenzuweisung ja nicht willkürlich entstanden. Viele Frauen kümmern sich immer noch wirklich gerne um ihre Kinder und das „Heim", während viele Männer sich lieber in ihren Beruf hineinknien, um das nötige Geld für die Familie zu erarbeiten. Aktuelle Untersuchungen bestätigen, dass auch heutzutage Männer in der Regel den Anspruch an sich haben, den Hauptbroterwerb zu leisten[1], während Frauen sich in der Regel stärker zu ihren Kindern hingezogen fühlen, besonders wenn sie noch sehr klein sind.

„In der Regel" – hier sind wir beim ersten Knackpunkt. Leider gibt es so schrecklich viele Dinge im Leben, die sich nicht nach irgendwelchen Regeln richten. Menschen und Lebenssituationen sind sehr unterschiedlich und die Regel bildet oft genug die Ausnahme. Nicht jede Frau ist mit einer natürlichen „Herdanziehungskraft" ausgestattet. Was man als Tendenz erkennt, sollte man also nicht zu einem starren Schema machen, in das sich alle einzufügen haben.

Außerdem hat es so ein starres Schema nie gegeben, jedenfalls nicht durchgehend. Geschlechterrollen haben unglaublich viel mit den allgemeinen Lebensumständen einer Zeit zu tun. Irgendwie suchen die Menschen immer einen Weg, die vielen Aufgaben gemeinsam unter den Hut zu kriegen. In welche Kultur und in welche Zeit Sie auch schauen – es wird jedes Mal ein bisschen anders zwischen Männlein und Weiblein zugehen.

Eine weitere wesentliche Rolle spielt die jeweilige soziale Schicht. Wenn wir also zurück zur Tradition wollen, müssen wir uns schon fragen, welche dieser Traditionen wir meinen: brave Bürgertumstöchter, die ihre Wartezeit auf einen Ehemann mit Klavierspielen und Taschentüchersticken verbrachten? Oder Töchter aus Arbeiterfamilien, die sich ab dem Teenageralter gemeinsam mit Vater und Mutter 14 Stunden am Tag in den schmutzigen Fabriken abplackern mussten, um ihre dunklen Einzimmerwohnungen bezahlen zu können? Wenn wir von Tradition reden, gehen wir meistens stillschweigend davon aus, dass das sogenannte „traditionelle Rollenbild" über Jahrhunderte hinweg bestanden hat. Aber das stimmt nicht. Tradition hat viele Gesichter.

Oder sehnen Sie sich zurück in die Adenauerzeit der 1950er Jahre? Dann lesen Sie einmal folgende Ratschläge aus einem Leitfaden für Frauen von 1959:

> Machen Sie die Kinder schick. Vermeiden Sie jeden Lärm … Wenn er [der Ehemann] nach Hause kommt, lassen Sie ihn zuerst erzählen – und vergessen Sie nicht, dass seine Gesprächsthemen wichtiger sind als Ihre. Schieben Sie ihm sein Kissen zurecht und bieten

> Sie ihm an, seine Schuhe auszuziehen. Sprechen Sie mit leiser, sanfter Stimme. Denken Sie daran: Er ist der Hausherr. Sie haben kein Recht, ihn in Frage zu stellen.[2]

Nichts gegen eine fürsorgliche Begrüßung – aber ist es *das,* was wir wollen??

Früher war alles besser!? Wir sollten schon genauer hinschauen, wenn wir in Nostalgie schwelgen und uns nach der Vergangenheit sehnen.

Die Folgen der Industrialisierung

Es gibt noch einen weiteren Knackpunkt bei der Beurteilung der Tradition: die Trennung von Haus und Arbeit infolge der Industrialisierung. Autoren aller Art sind sich einig darin, dass die Gesellschaft dadurch in einem kaum vorher gekannten Maß umgewälzt wurde. Auch die Geschlechterrollen änderten sich dramatisch.

Man kann sich vorstellen, dass auf einem Bauernhof oder im Haus eines Handwerkers viele Dinge Hand in Hand gingen: Das Vieh musste gemolken, der Acker bestellt oder die Werkstatt betrieben, die Wäsche gemacht, die Küche bewirtschaftet und die Kinder beaufsichtigt werden. Dass man Arbeiten aufteilte und sich jeweils spezialisierte, war sinnvoll, teilweise sogar vorgeschrieben: Die Handwerkszünfte nahmen lange Zeit nur männliche Mitglieder auf. Doch nebenbei bekam man auch einen Einblick in die Arbeit des anderen, mit allen damit verbundenen Herausforderungen, Freuden und Sorgen.[3]

In Biografien kann man das wunderbar nachlesen. Katharina von Bora hatte zum Beispiel ihren Martin Luther gerade mal ein paar Zimmer weiter in seiner Studierstube, und wenn er dort in seinen Gedanken auch oft unendlich weit entfernt schien, so hatte man doch das Haus voller Gäste, viele Studenten, die beim Essen an Katharinas Tisch heiß diskutierten. Agnes Dürer, die Frau des Malers Albrecht Dürer, übernahm nicht nur seine Buchhaltung, sondern erwies sich zu Hause wie auch während ihrer Jahre in Venedig als fantastische Geschäftsfrau. Wenn er alleine unterwegs war, leitete sie die Werkstatt.

Was ich damit sagen will: Es gab zwar Geschlechterrollen, aber alles spielte sich in einem gemeinsamen Lebensrahmen ab. Das änderte sich drastisch, als die ersten Fabriken entstanden. Mit der Erfindung der Dampfmaschine und anderer Techniken waren Maschinen entstanden, die die häusliche Produktion in vielem schrittweise ersetzten. Statt Haus und Hof zu bewirtschaften, fand man nun Arbeitsplätze in Manufakturen und Betrieben.

Man kann sich heute kaum mehr vorstellen, wie gravierend dieser Einschnitt für den Alltag der Menschen damals gewesen sein muss: Auf einmal ging man zur Arbeit an einen Ort, der nah oder fern des Wohnortes lag, auf jeden Fall mit dem eigenen Haus nichts mehr zu tun hatte. Erst seit diesem Zeitpunkt kann man deutlich zwischen Hausarbeit und Erwerbsarbeit unterscheiden. Die (christliche!) Psychologin Christa Meves hat die veränderte Frauenrolle so auf den Punkt gebracht: „Aus der Partnerin der agrarischen Kultur wurde die Sklavin der Industriegesellschaft, die allein gelassene Hausleibeigene."[4]

Für unser Thema bedeutet das: Die Alternative, vor die sich junge Elternteile heute gestellt sehen – arbeiten gehen oder zu Hause bleiben – gibt es noch gar nicht so lange! Es ist eine tragische Nebenwirkung unseres hochgelobten Fortschritts, dass er die Lebensbereiche auseinandergerissen hat. Man verbindet Kindererziehung damit, aus dem „eigentlichen" Leben ausgeschlossen zu werden – wie pervers!

Die berufliche Welt funktioniert völlig losgelöst von der privaten. Wer sich nur in der einen bewegt, fühlt sich schnell isoliert. Nimmt man hinzu, dass im Haus früher neben Eltern und Kindern auch noch Großeltern, andere Verwandte, Hausangestellte etc. wohnten, kann man sich den Kontrast zu der Mutter heute, die allein mit ihrem Säugling in einer Dreizimmerwohnung hockt, wohl kaum größer vorstellen.

Als ich zum ersten Mal davon hörte, dass junge, nicht berufstätige Mütter die höchste Depressionsrate in der Bevölkerung aufweisen, hielt ich das für feministische Propaganda. Ich konnte mir nicht vorstellen, dass es für eine Frau unbefriedigend sein könnte, sich ganz ihrem Muttersein zu widmen. Inzwischen kann ich das nachvollziehen. Das Problem ist nicht die Mutterrolle, sondern der Ausschluss aus anderen Lebensbereichen. Die Frustration ist eine ganz natürliche Reaktion, denn Frauen sind für mehr gemacht als nur für die Kindererziehung.

Nachdem sich also die Arbeitswelt von der privaten Welt getrennt hatte, kam die Frage auf, ob Frauen an dieser neuen Welt des Berufslebens teilnehmen durften. Was ist mit der traditionellen Rollenverteilung, wenn die Kinder größer werden oder eine Frau gar keine Kinder hat? Soll sie dann nur hinter dem Herd stehen?

In der christlich-bürgerlichen Gesellschaft gab es für alleinstehende Frauen nicht viele Möglichkeiten: im Elternhaus bleiben, im Kloster geparkt werden oder in die Prostitution abgleiten. Einige erkannten das und gründeten im 19. Jahrhundert die ersten Diakonissenorden. Man kann es sich heute kaum noch vorstellen: Die alleinstehenden Frauen in schwarzer Tracht waren Vorreiter der modernen Frauenbewegung! Ganz einfach deshalb, weil sie berufstätig sein durften. Ihre Uniform zeichnete sie als einen eigenen, ernsthaften Berufsstand aus.

Mit dieser Entwicklung kam die Frage auf, in welchen Berufssparten Frauen erwerbstätig sein sollten. Nur in der Krankenpflege und der Kinderbetreuung? In den neu entstandenen Fabriken und Bergwerken machten sie mittlerweile einen guten Teil der Belegschaft aus, aber sollte man ihnen auch gestatten, in höhere Berufe aufzusteigen? An Universitäten waren Frauen lange Zeit gar nicht zugelassen. Jura, Medizin, Natur- und Geisteswissenschaften: alles war nur von Männern besetzt. Viele zweifelten daran, dass das weibliche Hirn zu solchen geistigen Leistungen überhaupt fähig sei.

1865 wurde der erste Verein zur Förderung der Frauenerwerbstätigkeit gegründet – von einem Mann.[5] Nach und nach wurden eigene Gewerbeschulen für das weibliche Geschlecht gegründet. Die Menschen hätten sich damals wohl im Traum nicht vorstellen können, so bunt durcheinandergewürfelt in der Berufsschule zu sitzen, wie es heute selbstverständlich ist.

Genauso selbstverständlich ist es für uns heute, dass auch Mädchen einen Beruf erlernen. Noch vor zwei, drei Generationen war es das ganz und gar nicht. Ich erinnere mich, dass meine Großmutter keinen (offiziellen) Beruf hatte. Ihr Vater hatte eine Mühle gehabt, nach der Flucht im 2. Weltkrieg hielt sie die Familie vor allem mit Näharbeiten für die Nachbarschaft über Wasser. Aus Uniformen und Fahnen zauberte sie Kleidung für die zerbombte Bevölkerung. Andere Mädchen lernten damals nach der Volksschule kochen und putzen. Diese Hauswirtschaftsausbildungen dienten im wahrsten Sinne des Wortes der Wirtschaft im eigenen Haus.

Diese Beispiele zeigen, dass Frauen auch ohne Beruf natürlich nicht untätig waren. Vieles, was sie taten, würde man heute der Berufswelt zuordnen. Umso wichtiger scheint es mir, in Diskussionen um eine „Rolle der Frau" nicht vorschnell die Alternativen Familie *oder* Beruf aufzuziehen. Es ist genauso unfair, Frauen misstrauisch zu beäugen, wenn sie ihren Beruf lieben, wie sie zu belächeln, wenn sie sich dafür entschieden haben, sich ganz als Hausfrau und Mutter einzubringen.

Inzwischen hat sich die Politik des Themas der Vereinbarkeit von Familie und Beruf mächtig angenommen. Die derzeitige deutsche Familienministerin Ursula von der Leyen gilt mit ihren sieben Kindern und ihrer Karriere als Ärztin und Politikerin als Paradebeispiel. Maßnahmen wie Elterngeld, Verbesserung der Kinderbetreuung und innerbetriebliche Lösungen sind auf dem Weg oder im Gespräch.

Allerdings verändert sich auch die Industriegesellschaft. Produktionsvorgänge werden immer stärker automatisiert, dafür wächst der Dienstleistungssektor. Im IT-Zeitalter ist der typische Arbeitnehmer nicht am

Fließband, sondern am Schreibtisch zu finden. Das Internet hat eine Revolution ausgelöst, in der wir noch mittendrin stecken. Für die Trennung von Haus und Arbeit bedeutet das: Viele Arbeitsplätze lassen sich wieder nach Hause verlagern. Ich habe mehrere Jahre in einer Redaktion gearbeitet, bei der wir größtenteils von zu Hause aus unsere Aufgaben erledigt haben. Einmal im Monat trafen wir uns zur Redaktionssitzung, alles andere lief per E-Mail. Vielleicht wird es in Zukunft wieder leichter werden, Familie und Berufstätigkeit zu vereinbaren ...

Eine Stimme aus den 30er Jahren

Seit ich die Frauenfrage zu meinem Hobby erhoben habe, sammle ich antiquarische Bücher zu diesem Thema. In meinem Regal stehen so unterschiedliche Titel wie das „Hausbuch für die deutsche Familie" (1967), „Geistliches Frauenleben" (1954), „Die Erziehung der Geschlechter" (1954) oder „Über den physiologischen Schwachsinn des Weibes" (1900). Ich finde es hochinteressant, die unterschiedlichen Perspektiven im O-Ton kennenzulernen.

Besonders beeindruckt hat mich ein Buch von Helene Düvert aus dem Jahre 1933. Darin setzt sich die engagierte Christin mit „Weg und Ziel" der Frau auseinander, insbesondere mit der damals aktuellen Frage der Berufstätigkeit. Fern von umstürzlerischen Ambitionen macht sie folgende aufschlussreiche Bemerkungen[6]:

> Für viele begabte Frauen bedeutet das Brachliegen ihrer geistigen Fähigkeiten beinahe die gleiche Qual wie für andere die nie gestillte Mutterschaft.

> Männer sollten nicht in jeder berufstätigen Frau eine vermännlichte „Emanzipierte" vermuten, nur, weil es für sie noch Interessen jenseits der gewiss sehr schätzenswerten Kochtöpfe, Staubwedel und Kinderwindeln gibt.

Die Ursache für wachsende Frauenarbeit sieht sie nicht nur in den neuen feministischen Ideen:

> „Nicht die Frau vermännlicht das Dasein, weil sie im außerhäuslichen Erwerbsleben steht; sondern sie steht im außerhäuslichen Erwerbsleben, weil das vermännlichte Dasein ihr vielfach keine anderen Existenzmöglichkeiten bietet."

Und unseren Text in 1. Mose 2 – unser großes, altes Bild – deutet sie folgendermaßen:

> „Das Weib ward dem Manne zugesellt als Genossin seines Lebens … neben seiner Geschlechtsrolle hat das Weib also noch eine andere Sendung im Dasein des Mannes zu erfüllen."

Zu der gleichen Zeit schrieben sich die Frauenverbände der Nationalsozialisten auf ihre Fahnen: „Wir wollen unser Frauenrecht, wir wollen Gattinnen und Mütter werden."[7] Auch wenn die real existierenden Frauen zu Nazi-Zeiten genauso unterschiedlich waren wie zu anderen Zeiten auch[8], proklamierte man doch unverdrossen die arische Frau als Führers Gebärmaschine. Als im Dritten Reich die Aufgaben wieder fein säuberlich in Männerrollen und Frauenrollen aufgeteilt wurden, gab Helene Düvert zu bedenken:

> Die Schwierigkeiten zwischen den Geschlechtern wachsen umso stärker, je weiter beide Teile in die letzten Bezirke ihrer Verschiedenheit gedrängt werden: der Mann zum reinen Logos, das Weib zum reinen Eros.[9]

Das bedeutet: Jawohl, die Geschlechter sind verschieden. Aber daraus schließt sie nicht, dass sich jeder zu hundert Prozent auf seine Wesensart konzentrieren sollte. Gerade da, wo man die Welt komplett aufteilt in Männerbereiche und Frauenbereiche, kommt es zu Problemen – weil uns irgendwann die Schnittmenge fehlt und wir uns nicht mehr verständigen können.

Ergänzen statt aufteilen

Hier möchte ich den Bogen zu unserem großen, alten Bild zurückschlagen. Das Bild hat uns gezeigt, dass die Geschlechter zur gegenseitigen Ergänzung gemacht worden sind. Häufig finde ich in christlich-konservativen Argumentationen folgende Logik: Frauen sind anders als Männer, also sind sie für andere Aufgaben da. Im Ergebnis fällt die Wirklichkeit auseinander in eine männliche Sphäre und eine weibliche Sphäre. Politik und Landesverteidigung sind Männersache, Broterwerb und Finanzen ebenso, dagegen sind Heim, Kinder und soziale Arbeit Frauensache.

An dieser Stelle setzen unter anderem Feministinnen an und fragen: Ist das glücklich, wenn wir die Welt komplett aufteilen?[10] Sie wenden sich dagegen, weil sie die Verschiedenheit der Geschlechter ablehnen. Aber man kann sich auch aus einem ganz anderen Grund gegen eine übertriebene Einteilung in Geschlechtersphären wenden: Sie erschwert es, sich gegenseitig zu ergänzen und Gottes Bestimmung gerecht zu werden.

Männer sind anders, Frauen auch? Prima, dann sollten wir möglichst oft die Köpfe zusammenstecken, um nicht in der Einseitigkeit unseres Geschlechts Wurzeln zu schlagen. Es könnte nämlich sein, dass wir durchaus in der Lage sind, beide die gleichen Aufgaben zu erfüllen, nur jeder in *unterschiedlicher Weise.* Männer können ebenso wie Frauen Kinder versorgen und Essen machen – aber sie werden es vielleicht ein bisschen anders angehen. Frauen können auch in politischen Gremien mitarbeiten – aber sie bringen vielleicht einen etwas anderen Blickwinkel ein.

Wenn wir anfangen, die geschlechtsspezifischen Unterschiede nicht so sehr in dem „Was", sondern mehr in dem „Wie" zu sehen, stoßen wir auf ein unglaubliches Ergänzungspotenzial. Vielleicht wird es anfangs viel Energie kosten, wenn unsere Unterschiede aufeinandertreffen und sich aneinander reiben. Aber dieser Reibungsverlust wird bei Weitem überwogen von den Energiegewinnen durch Synergie- und Optimierungseffekte.

Außerdem kann man die Verschiedenheit der Geschlechter auch übertreiben. Vor ein paar Jahren war ich im neuen Musikmuseum in Basel. Dort waren alte Instrumente ausgestellt, von denen ich mein Lebtag noch nichts gehört hatte. Dazu erklangen aus Lautsprechern historische Aufnahmen mit Musik der jeweiligen Instrumente. In einem Raum hörte ich Blasmusik. Aber merkwürdig, in den Vitrinen standen Geräte, die aussahen wie eine Art primitivster Kontrabass, mit einer dicken Schnur als Saite! Im Begleitmaterial stieß ich auf folgende Erklärung: Die Dinger nannten sich „Trumscheite". Sie waren tatsächlich so gebaut, dass sie sich fast wie Blechblasinstrumente anhörten, obwohl sie aus Holz und Schnur gebaut waren. Sie stammten aus Frauenklöstern aus dem 16.–18. Jahrhundert. Anscheinend hatte man es den weiblichen Lungen nicht zumuten wollen, aus Trompeten Töne hervorzulocken. Aber Blasmusik musste schon sein!

Ungerechtigkeiten

Aber sicherlich wäre die Frauenbewegung nicht so stark geworden, wenn man es bei den Unterschieden belassen hätte, selbst wenn diese manchmal überzogen waren. Stattdessen wurde über viele Jahrhunderte das weibliche Geschlecht allgemein als *niedriger* angesehen. Frauen galten nicht einfach nur als anders, sondern als minderwertig.

Da waren die Lehren zölibatärer Theologen wie Augustin und Thomas von Aquin, von denen an anderer Stelle schon die Rede war. Thomas stellte in der Linie von Aristoteles und Augustin Sätze auf wie: „Der Mann ist Anfang und Ziel der Frau." In seinen Augen war die Frau im Vergleich zum Mann „mangelhaft und zufällig"[11].

Als in der Neuzeit die Wissenschaft aufblühte, machte sie sich daran, diese angebliche Minderwertigkeit der Frauen beziehungsweise die „Überlegenheit" der Männer wissenschaftlich zu beweisen.[12] Als Belege galten zum Beispiel die größeren Gehirnvolumen von Männern (so das Hauptargument in meinem schicken antiquarischen Buch „Vom physiologischen Schwachsinn des Weibes“ aus dem Jahr 1900[13]) oder die höheren geistigen Leistungen von Männern.

Erfinder, Philosophen, Mathematiker? Alles Männer. Frauen durften nicht studieren, weil sie es angeblich nicht konnten – und sie konnten nicht das Gegenteil beweisen, weil Mann sie nicht ließ. Abstraktion, Rationalität, Objektivität, Entdeckergeist, technischer Forschungsdrang – alles wäre bei Männern stärker ausgeprägt. Frauen galten als „Gefühlswesen“, die in ihrer „Instinkthaftigkeit“ (heute nennen wir das positiver „Intuition“) dem Tierreich näher stünden und überhaupt eine Art Zwischenwesen zwischen dem erwachsenen Manne und dem Kind seien.[14]

Mann schuf sich ein geschlossenes System: Mann definierte, was als gut und hochstehend galt (nämlich was den Fortschritt besonders vorantrieb), und kam dann zu dem überraschenden Ergebnis, dass in diesen Dingen Männer ja tatsächlich mehr draufhatten als Frauen! Das weibliche Geschlecht als das tendenziell erdverbundenere, ganzheitlichere hatte in diesem Zeitgeist keine Chance.

Kommunikation, Einfühlungsvermögen, Geduld, Nächstenliebe – alles nicht besonders gefragt in einer Welt, die immer höher hinauswollte:

> Das Schwatzen ist das Schwert der Weiber, denn ihre körperliche Schwäche hindert sie, mit der Faust zu fechten, ihre geistige Schwäche lässt sie auf Beweise verzichten.[15]

Beliebt waren auch Vergleiche mit der „Natur“, wobei man hier wohl für so ziemlich jede Behauptung ein passendes Argument finden würde:

> Schon dadurch, dass die Natur den Mann später reif werden ließ als das Weib, hat sie ihn bevorzugt und hat gezeigt, dass sie höher mit ihm hinaus wollte.[16]

Einzelne Frauen, die es dennoch zu kulturellen Hochleistungen brachten, veröffentlichten ihre Werke unter männlichem Pseudonym (wie die Schriftstellerin George Sand) oder unter dem Namen ihres Bruders (wie Fanny Mendelssohn ihre Kompositionen).

Das „Meyers Konversations-Lexikon" von 1905 beschreibt – natürlich rein „sachlich" und „objektiv" – die „eigentümliche Stellung der Oberschenkel" bei Frauen oder behauptet kategorisch: „Die Fantasie des Weibes ist lebhafter als die des Mannes, erreicht aber selten dieselbe Höhe und Kühnheit."[17]

Wer bestimmt eigentlich, was an Fantasie hoch ist? Und aus welcher Perspektive ist die weibliche Beinstellung „eigentümlich"? Wohl nur aus derjenigen, die den Mann zum Maß aller Dinge macht. Unser großes, altes Bild sieht es anders: Der erste Adam brauchte noch jemanden, der anders ist als er, aber auf seiner Stufe steht. Damit sie … – Sie wissen es bereits – gemeinsam Gottes Bestimmung erfüllen können.

Wir haben schon über den Mann gesprochen, der problemlos ins Bordell gehen darf oder als Heranwachsender mit Dienstmädchen übt, während eine Frau keusch und treu zu sein hat. Männer und Frauen wurden oft mit zweierlei Maß gemessen – und wenn man sie schon mit dem gleichen maß, dann war es dem Mann auf den Leib geschneidert. Beides ist nicht besonders nett, sondern ziemlich ungerecht.

Ungerecht ist es auch, wenn Männern die weite Welt zugeteilt wird, während sich Frauen mit der Sphäre ihrer Familie und ihrer Wohnung begnügen sollen. Als Beispiel führe ich das neuere Buch „Mann und Frau in christlicher Sicht“ von Werner Neuer an. Er bringt interessante Einsichten zum „verschiedenen Weltbezug“ der Geschlechter, nämlich dem „Sachweltbezug“ und dem „Personenweltbezug“. Doch während der größere Sachweltbezug seiner Meinung nach den Mann „in besonderer Weise zur Weltgestaltung befähigt“, prädestiniere der größere Personenweltbezug der Frau „sie für die Aufgabe, Gefährtin des Mannes und Mutter zu sein“[18].

Männer sind also mehr sachbezogen und Frauen mehr personenbezogen. Aber wer sagt, dass die Welt der Personen drinnen und die Welt der Sachen draußen liegt? Nicht, dass es zu Hause nicht genug zu tun gäbe, aber irgendwann fällt auch der hingegebensten Familienfrau die Decke auf den Kopf. Genauso einseitig wäre es, Männer wegen ihres Sachbezugs die komplette Arbeit in Haus und Garten zuzuschieben, während Frauen hinaus in die Welt gehen, um dort andere Personen zu treffen. Nein, dem biblischen Schöpfungsbericht zufolge übergab Gott am Anfang die Welt an beide, den Mann und die Frau, damit sie sich in ihrem unterschiedlichen Weltbezug ergänzen.

Das Gute mitnehmen

Nein, auf dem Traditionshügel will ich nicht wohnen. Hier werden Frauen einseitig festgelegt auf eine Mutter- und Hausfrauenrolle, die sie aus der Öffentlichkeit und dem geistig-kulturellen Leben ausschließt. Die Verschiedenheit der Geschlechter führt hier zu einer Aufteilung in eine männliche und eine weibliche

Sphäre, die eine fruchtbare Ergänzung verhindert – besonders nachdem sich die Arbeitswelt von der häuslichen Sphäre gelöst hat. Aber einen Zug schätze ich dann doch sehr am Traditionshügel: Hier sind Mütter etwas wert. Es sind schon kranke Zeiten, in denen der Schrei nach Kindern nur deshalb wieder laut wird, weil die Rentenkassen leer sind. Im Kampf um die Berufstätigkeit sind Kinder zum Karrierekiller geworden. Dabei nehmen sich die Frauen damit selbst am meisten. Ich kann Eva Herman nur recht geben, wenn sie darauf hinweist, dass „die berufliche Welt" nicht „der Nabel der Welt" ist, und dazu aufruft, den Kindern wieder einen höheren Stellenwert einzuräumen.[19] Sie ist übrigens nicht die Erste, die diese Meinung vertritt. Ein Jahr zuvor erschien ein Buch von der Psychologin Daphne de Marneffe mit dem eindrücklichen Titel „Die Lust, Mutter zu sein". Der nicht gerade als reaktionär verschriene Piper-Verlag schrieb dazu im Klappentext:

> Ein Kind haben, es groß werden sehen, Zeit mit ihm verbringen – Daphne de Marneffe macht uns klar, wie elementar dieser Wunsch im Leben einer Frau ist, und beschreibt, wie oft wir diese Sehnsucht verraten. Weil wir nur so beruflichen Erfolg haben können. Weil wir (den feministischen Errungenschaften sei Dank) nur so als ganze Frau gelten. Dabei ist Kinderhaben gefragt wie nie, und endlich zeigt ein revolutionäres Buch Muttergefühle wieder als das, was sie sind: das große Verlangen der Frauen.

Es ist tragisch, dass dieses große Verlangen nach Muttersein in unserer Gesellschaft in Verruf geraten ist.

Tragisch für die Kinder, aber auch für die Männer und die Frauen selbst. Und wenn Kinder erst einmal da sind, werden sie oft genug der Berufstätigkeit untergeordnet. Dabei kann sich heute eigentlich niemand mehr der Einsicht entziehen, dass in den allerersten Lebensjahren die Bindung zur Mutter und zu den Eltern für die psychische Entwicklung des Kindes unersetzlich ist. Um die Lust am Muttersein zu wecken, muss man allerdings nicht gleich auf dem Traditionshügel einziehen.

*

Wie steht es mit Ihnen? Möchten Sie etwas vom Traditionshügel in Ihr eigenes Leben mitnehmen? Vielleicht das klare Gespür für die Wesensverschiedenheit der Geschlechter? Oder eine neue Wertschätzung der Mutterschaft? Oder möchten Sie sich erst einmal auf dem Emanzipationshügel umsehen?

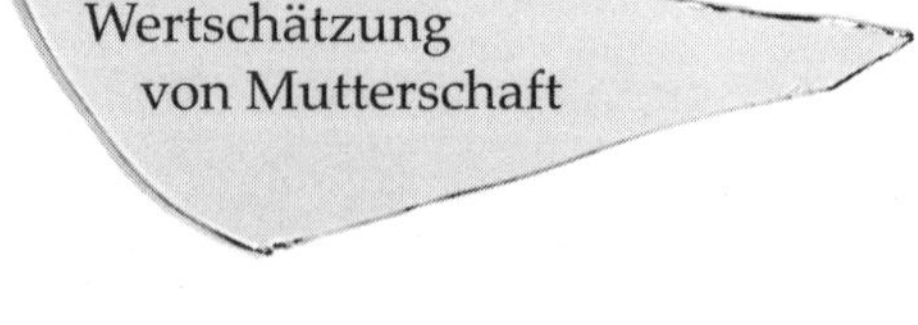

Kapitel 11

Brauchen wir ein weibliches Zeitalter?

Es ist Dienstagabend. Der zweitgrößte Hörsaal der Uni Gießen ist schon gerappelt voll, aber der Strom der hineindrängenden Menschen will nicht abreißen. Bis vor das Rednerpult hocken sich die Leute auf dem Boden nieder, die Luft ist wie elektrisiert. Alles wartet auf Alice.

Dann betritt Frau Schwarzer die Bühne, begleitet von unglaublichem Beifall. Keine Frage: Die alte Haudegin hat es geschafft! Sie ist angekommen in der Mitte der Gesellschaft, wie unzählige Auftritte in Publikumsshows immer wieder beweisen. Auch ich bin hingerissen von ihrem Charme und ihren treffenden Bemerkungen.

Doch während sie spricht, blitzt immer wieder dieser große, hehre Kampf der Frauen gegen die fiese Unterdrückung der Männer auf: „5.000 Jahre randständiger Ohnmacht" sollen wir hinter uns haben, in denen es Frauen verlernt hätten, konfrontativ aufzutreten. „Jetzt geht es erst richtig los!", sagt sie und spricht von Verteilerkämpfen zwischen den Geschlechtern, die nach der rechtlichen Gleichstellung nun losbrechen sollen. Auch der aktuelle Schönheitswahn und Schlankheitsterror soll ein Teil männlicher Kriegsführung sein: „Die Schlacht um unseren Kopf haben wir [Frauen] gewonnen, nun verschärft sich die Schlacht um unseren Körper!"[1] Essstörungen als Kampftaktik gegen Frauen!?

Der große Kampf um die Gleichberechtigung

Auf dem Emanzipationshügel trifft man viele kämpferische Frauen. Es gibt unendlich viel zu kämpfen: erst für das Wahlrecht und die Berufstätigkeit von Frauen, dann für die Gleichstellung in der Ehe, für die Gleichbehandlung am Arbeitsplatz, für Ausbildungsmöglichkeiten und gegen baggernde Chefs, für das Recht auf Abtreibung und gegen Pornografie, für Gleichberechtigung vor dem Gesetz, aber auch – und viel schwieriger: in den Köpfen und Herzen. Es ist ein Kampf um Achtung gegenüber Frauen und um das Recht auf Selbstverwirklichung.

Ja, es ist viel erreicht worden für die Gleichberechtigung der Frau. Das meiste davon ist für meine Generation selbstverständlich: Natürlich suchen Frauen sich einen Beruf aus und gehen auch an die Uni. Und selbstverständlich lassen wir uns nicht von unserem Mann oder Partner unseren Job kündigen, weil angeblich der Haushalt zu sehr darunter leidet. Auch unsere Bankkonten eröffnen wir heute, ohne uns eine Vollmacht von unserem Liebsten ausstellen zu lassen.

Aber die Sache hat auch ein paar Haken. Woher wissen wir eigentlich, dass Gleichberechtigung der Schlüssel zum Glück ist? Schon vor einigen Jahrzehnten bemerkte die (ziemlich emanzipierte) italienische Schauspielerin Anna Magnani: „Insgeheim wissen alle klugen Frauen, dass echte Gleichberechtigung ein Zustand wäre, bei dem sie mehr verlieren als gewinnen würden."[2] Und der Chansonnier Charles Aznavour soll gesagt haben: „Die Frauen haben heute sicher mehr Rechte. Aber mehr Macht hatten sie früher."[3]

Erinnern wir uns an die Liste der Ungerechtigkeiten aus dem vorangegangenen Kapitel: Der Bedarf nach Veränderung war da. Anscheinend gab es nicht genug Männer, deren Augen dafür offen waren, also nahmen einige Frauen ihr Schicksal selbst in die Hand. Man kann auch gut verstehen, dass sie den Spieß einmal umdrehen wollten. Aber ein umgedrehter Spieß ist immer noch eine Waffe. Eine Waffe bedeutet Kampf. Kampf bedeutet Gegner und Rivalität. Man kriegt eins auf die Nase oder schlägt andere nieder – wenn sie nicht vorher die Flucht ergreifen.

Viele Feministinnen laufen mit einer dicken Schablone durch die Welt, die alles, was Frauen und Männer tun, in den großen Kampf der Geschlechter einordnet. Das geht zum Beispiel so: Ein Angestellter macht einer Kollegin ein zweideutiges Kompliment. Für Männerhasserinnen ist das eindeutig ein Fall von sexueller Belästigung am Arbeitsplatz – angeblich ein bevorzugtes Mittel, um die Herrschaft des Patriarchats zurückzugewinnen. Ein Mann, der eine Frau „anmacht", will ihr damit bloß „zeigen, wo ihr Platz ist", nämlich *unter* ihm.[4] Ganz klar, oder??!

Männer stehen unter Generalverdacht, die heimliche Wiederherstellung männlicher Alleinherrschaft zu betreiben. Frauen, die sich nicht kompromisslos den feministischen Forderungen anschließen, werden als Hochverräterinnen beschimpft. Die Begriffe zeigen: Wir befinden uns im Krieg! In ihrem Übereifer haben Feministinnen ein Klima geschaffen, in dem nun Ungerechtigkeiten *gegen Männer* Hochkonjunktur erleben:

In Sorgerechtsstreitigkeiten haben Väter so gut wie keine Chance (auf einmal ist es wieder allgemeine Wahrheit, dass ein Kind seine *Mutter* braucht), die

Straftatbestände von Vergewaltigung und häuslicher Gewalt sind überhaupt nur für Männer vorgesehen, ebenso wie es kein Gesetz gegen Exhibitionismus von Frauen gibt. Wenn eine Frau nackt auf einem Pferd durch die Gegend reitet und ein Mann dadurch irritiert einen Unfall baut, ist das *sein* Problem – er hätte ja nicht hinschauen müssen.[5]

An der Schule meines Vaters gibt es immer noch eine Frauenbeauftragte, obwohl das Kollegium inzwischen überwiegend aus Frauen besteht. Ein Männerbeauftragter ist nicht in Planung. Es ist schon irre, wie viel Sorge inzwischen auf die Gleichstellung der Frau verwandt wird: Frauenbeauftragte, Gleichstellungsstellen, Förderprogramme ... da steckt richtig Geld drin. Inzwischen gibt es Ansätze einer Männerrechtsbewegung. Sie fordern: Gleichberechtigung.

Was ist gerecht?

Aber auch wenn wir noch so gleichberechtigt sind, bleiben einige Haken. Spricht man von Gleichberechtigung, geht man nämlich davon aus, dass die Geschlechter „gleich“ sind – und es daher am gerechtesten ist, beiden genau die gleichen Rechte einzuräumen. Doch das stimmt ja so nicht. Frauen sind in der Regel körperlich schwächer als Männer, deshalb schlägt sich ein Mann normalerweise nicht mit einer Frau, sondern nur mit einem anderen Mann (wenn er sich überhaupt mit jemandem schlägt). In den Krieg ziehen nur die Männer, während Frauen bei den Kindern bleiben dürfen – ganz schön ungerecht!? Wir hatten lange keinen Krieg mehr bei uns, aber so lief es normalerweise.

Frauen haben alle vier Wochen mehr oder weniger heftige Menstruationsbeschwerden, und wenn sie ein Kind austragen, sind sie neun Monate in ganz anderen Umständen, erleben möglicherweise eine schwere Geburt und sind hinterher zumindest zum Stillen noch eine ganze Zeit besonders gefragt. Während der Mann lediglich einen einzigen Zeugungsakt brauchte, um Vater zu werden – auch wiederum ungerecht!? Wobei er wegen dieses einen Zeugungsaktes jahrelang Unterhalt zahlen muss, auch wenn die Trennung von der Frau ausgeht – erst recht ziemlich ungerecht!?

Wir merken, dass wir mit der Kategorie „Gerechtigkeit" manchmal nicht weit kommen. Es sollte eher darum gehen, wie man den Geschlechtern jeweils *gerecht werden* kann. Was braucht ein Mann, was eine Frau? Das wäre hilfreicher, auch wenn es sich nicht immer gegeneinander aufrechnen lässt. So haben Frauen zum Beispiel durch fast alle Zeiten hindurch damit rechnen können, von anständigen Männern beschützt zu werden. Noch heute begleiten Jungs ihre Mädchen bis vor die Haustür, wenn sie abends mit dem Fahrrad unterwegs sind. Formal gesehen ist das nicht besonders gerecht, denn ein Mann würde so einen Begleitschutz nicht zugebilligt bekommen.

Diese und andere Rechte drohen uns Frauen verloren zu gehen, wenn wir immer auf der Gleichberechtigung herumreiten. Gleiche Rechte bedeuten auch gleiche Pflichten. Edith Thomas (eine von meinen antiquarischen Autorinnen) bemerkte schon in den 1950er Jahren sehr treffend: „Wenn Frauen die gleichen Rechte wie Männer beanspruchen, verlieren sie das Recht, beschützt zu werden."[6] Von einer Frau, die auf ihre Rechte pocht, erwartet man auch, dass sie für sich einsteht. Früher galt in Notsituationen beispielsweise das Prinzip „Kinder und Frauen zuerst". Wenn die Titanic heute unterginge, würden wohl deutlich mehr Männer Platz in den Rettungsbooten finden …

In der Frage der Vereinbarkeit von Familie und Beruf stoßen wir auch auf eine vermeintliche „Ungerechtigkeit". Frauen sind nun einmal diejenigen, die ein Kind austragen, gebären, die erste Bindung zum Kind haben und später vielleicht noch einmal schwanger werden. Beruf und Familie unter einen Hut zu kriegen wird für sie immer schwieriger sein als für Männer, auch wenn die sich noch so sehr als Hausmänner zur Verfügung stellen. Dafür machen Frauen die einzigartige Erfahrung, hautnah zu fühlen, wie ein Leben in ihrem Bauch heranwächst, das mit ihnen verbunden sein wird wie nichts zuvor in ihrem Leben.

Gerechtigkeit ist wichtig, aber sie löst nicht alle Probleme.

Was macht uns wirklich glücklich?

Damit wären wir bei dem Punkt, der mir besonders am Herzen liegt: Wir sind Bindungswesen! Wir sehnen uns nach Liebe, nicht nur nach Freiheit und Gerechtigkeit. Die Verfechter der Gleichberechtigung setzen aber unterschwellig voraus, dass jeder zuallererst ein Individuum ist, das sein eigenes Ding macht. Die Rechte der Einzelnen werden gegeneinander abgewogen. Diese Vorstellung haben wir aus der Aufklärung gewonnen: Jeder Mensch ist nicht nur ein mündiger Bürger, sondern auch ein autonomes Wesen. Frei ist, wer machen kann, was er will.

In der Frauenbewegung hören wir immer wieder von der Selbstbestimmung der Frau. Sie soll nicht durch ein Rollenschema oder durch die Wünsche von Männern fremdbestimmt werden, sondern ihren Weg selbst wählen. Das klingt gut, doch die Sache hat eben folgenden Haken: Eines der größten Bedürfnisse von Frauen ist das Bedürfnis nach Beziehungen. Wir suchen eine Anbindung im Leben, nicht die Unabhängigkeit. Zu wem gehöre ich? Wo ist mein Haus? Ich habe es eigentlich ziemlich satt, im Leben ständig allein meine Frau stehen zu müssen. Unzählige noch so emanzipierte Frauen bestätigen, dass sie sich kaum etwas so sehr wünschen wie dieses „Dach über dem Kopf". Wir wollen nicht jemandem gehören wie etwas, was man besitzen kann, aber wir suchen nach Zugehörigkeit.

Die populäre Romanautorin Ildikó von Kürthy bekennt ganz freimütig: „Emotional bin ich total abhängig. Und ich finde es emanzipiert, wenn Frauen zugeben, dass sie ihre Männer zum Glücklichsein brauchen."[7] Auch Frauenzeitschriften sind ganz gut über die weiblichen Spezialbedürfnisse informiert. Eine neue Umfrage in „Für Sie" brachte es wieder zutage: „Frauen sehnen sich nicht nur nach beruflichem Erfolg oder persönlicher Freiheit. Besonders wichtig sind ihnen auch Werte wie Treue, Familie, Zuhause."[8] (Wohlgemerkt „nicht *nur*". Sonst landen wir wieder auf dem Traditionshügel …)

So sind manche Frauen in eine üble Zwickmühle geraten: Einerseits machen sie mit bei der Männerhetze und kämpfen munter weiter im Geschlechterduell, andererseits sollen ebendiese Männer sie glücklich machen wie ein Prinz seine Prinzessin. Kein Wunder, dass viele Frauen so unzufrieden mit der Welt sind. Doch wer die Schablone im Kopf nicht hinterfragt, findet im Frust nur weiteres Futter, um Männer für ihre Unzulänglichkeiten anzuklagen.

Und die Männer? Sie haben ganz ähnliche Doppelbotschaften drauf: Sei ganz Frau, aber komm bloß alleine zurecht! Männer haben auf ihre Art auf den feministischen Kampf reagiert – mit Rückzug. Schon Napoleon soll gesagt haben: „Krieg mit Frauen ist der einzige, den man durch Rückzug gewinnt."[9] Da klopfen die Frauen an der Tür an, aber es scheint niemand mehr zu Hause zu sein.

Sokrates, der altgriechische Philosoph, sagte es so: „Eine Frau, gleichgestellt, wird überlegen."[10] Offensichtlich können viele Männer mit diesem Tauziehen zwischen den Geschlechtern nicht viel anfangen. Da halten sie sich lieber ganz raus. Sie haben die Flucht ergriffen – in ihren Beruf, die Tiefen ihrer Seele oder ihren Fußballverein. Womit sie uns die härteste Strafe überhaupt zukommen lassen: Liebesentzug! Beide Geschlechter haben es beigebracht bekommen, sich dem anderen nicht mehr hinzugeben. Jedenfalls nicht so wirklich, denn dabei könnte man ja selbst zu kurz kommen. So stehen wir da mit unserem Misstrauen und suchen doch weiter die große Liebe.

An dieser Stelle können wir wieder den Bogen zu unserem großen, alten Bild schlagen. Es hat uns schon immer zeigen wollen, dass wir Menschen nicht auf Unabhängigkeit angelegt sind, sondern auf Bindung. Adam & Eva – das ist hoffnungslose Abhängigkeit des einen vom anderen und beider zusammen vom Schöpfer. Eva ist aus der Seite Adams gemacht, deshalb wird sie ihr Glück nicht darin finden, sich von ihm zu lösen und ihrer Selbstbestimmung zu frönen. Und auch Adam wird verkümmern, wenn er sich von Eva zurückzieht – sie war doch seine Gefährtin, die ihn spontan zu seinem ersten Gedicht inspiriert hatte!

Unsere Gesellschaft wird nicht daran genesen, dass Frauen Männern die Stirn bieten, sondern dass wir zusammenstehen. Wir finden unsere Freiheit darin, bei anderen Menschen Geborgenheit und Annahme zu erleben. Wo wir geliebt sind, finden wir den Raum, uns zu entfalten und das zu verwirklichen, was in uns steckt. Wo wir gebraucht werden und sich andere auf uns verlassen, wachsen wir über uns hinaus.

„Die Zukunft ist weiblich"

„Die Zukunft ist weiblich" – kennen Sie diesen Slogan aus der Frauenbewegung? Er erlebte in den letzten Jahren eine wahre Renaissance. Der bekannte Trendforscher Matthias Horx spricht von einem „Megatrend Frauen". Das 21. Jahrhundert werde das „Jahrhundert der Frauen" sein.[11] Wir scheinen dem „weiblichen Zeitalter" näher zu kommen, das feministische Kulturforscher und New-Age-Theoretiker schon seit einiger Zeit propagieren.[12]

In den letzten Jahrzehnten hat sich eine Menge getan. Frauen stehen nun wirtschaftlich und bildungsmäßig mit den Männern auf einer Stufe. Sie wirken mit auf dem Arbeitsmarkt, und der freut sich über „typisch weibliche" Qualitäten wie „Fantasie, kreative Intelligenz, situative Problemlösung"[13] oder den Hang zu Teamarbeit und Networking. In den Medien und in der Politik sind Frauen ganz oben angekommen. In Deutschland haben wir jetzt nicht nur hervorragende weibliche Polit-Talkerinnen und Tagesthemen-Chefinnen wie Maybrit Illner und Anne Will, sondern auch eine Bundeskanzlerin.

Ich finde es spannend zu beobachten, wie sich unsere Alltagskultur wandelt. Endlich haben wir die Chance, weibliche Ansätze auf höheren Ebenen einzubringen. Die Frauen werden dadurch verändert, aber sie verändern auch ihre Umwelt. Mir scheint, dass die Kluft kleiner wird und sie immer weniger ihre Weiblichkeit ablegen müssen, um in gewissen Etagen überhaupt aufgenommen zu werden. Das sind interessante Entwicklungen, die uns näher dahin bringen können, die Herausforderungen dieser Welt gemeinsam, im Team aus beiden Geschlechtern, anzugehen.

Doch da hört man oft ganz andere Töne. Werden Männer überhaupt noch gebraucht? Auf dem „Emanzipationshügel“ bekommt man manchmal den Eindruck, dass es ohne sie besser gehen würde. Inzwischen haben sich aber auch viele Männer dort versammelt. Medienleute stehen vielfach mit einem Bein auf diesem Hügel oder schielen zumindest fortlaufend hinüber, um niemanden zu verärgern.

Es ist richtig in Mode gekommen, verächtlich über das männliche Geschlecht zu sprechen. Männer, die die Zeichen der Zeit erkennen, springen beflissen auf den Zug auf und machen ihr eigenes Geschlecht nieder. Glauben Sie nicht? Hier ein paar aktuelle Zitate:

- „Ein Mann zu sein ist der häufigste genetische Defekt.“ (Jens Reich, Molekularbiologe)[14]

- „Wozu gibt es Männer?“[15], wurde in einem „Spiegel“-Artikel einleitend zum Titelthema „Wozu Sex?“ gefragt. (Sprich: Frauen sind das „eigentliche“ Geschlecht; als es zum Sex noch ein zweites brauchte, kam der Mann dazu.)
- Ludwig Hasler, Dozent für Philosophie und Medientheorie, nennt den Mann gleich das „Auslaufmodell der Evolution“. Er hat Sätze verfasst wie:
  „Dass Frauen klüger sind als Männer, vermutete längst, wer Augen im Kopf hat.“
  „Männer neigen dazu, ihre Probleme stur einseitig zu sehen, aus männlicher Sicht, so wie alle Autisten.“
  „Irgendwann wird es offensichtlich, dass die männliche Art, Probleme zu lösen, nichts taugt.“
  Sein Fazit: „Die Zukunft gehört der Frau. Da bleibt dem Mann nur mehr eine Chance: Esprit, Humor, Kultur.“[16]
- „Die Zukunft ist weiblich“: Zu diesem Thema kann man heute Seminare mit kompetenten männlichen Referenten besuchen, die zuweilen mit Zusätzen versehen sind wie „Über die Macht der Frauen und die Ohnmacht der Männer“[17].

Der moderne Mann gibt sich mächtig Mühe, auf der Seite der Frau zu stehen. Er scheint mit einem kollektiven Schuldkomplex herumzulaufen und tut alles, um die Sünden der Vergangenheit nicht zu wiederholen. In Kinofilmen kann man gut beobachten, dass es heute oft die Frau ist, die konsequent ihre Interessen durchsetzt, während der Mann sich redlich bemüht, auf ihre Bedürfnisse einzugehen. Bloß nicht wieder ein Macho-Schwein sein. Er hat jetzt ja begriffen, dass sein Genpool defekt ist.

Die aktuelle Genetik liefert nämlich zurzeit das Kanonenfutter für die Männerhäme. Nach neuen Forschungen soll das männliche Y-Chromosom eine abgebrochene Variante des X-Chromosoms sein, das erst nachträglich die Bühne der Evolution betrat. Was Jens Reich als Biologe provokativ auf den Punkt bringt (vielleicht auch im eigenen Interesse, um sich interessant zu machen?), findet man beim Medienwissenschaftler Ludwig Hasler folgendermaßen wieder: „Männer können nichts dafür [für ihre einseitige Sichtweise, s. o.]. Das verflixte Y-Chromosom macht sie blind dafür."[18] Vermutlich wird das Argument mit dem Y-Chromosom bald genauso abgeschmackt sein wie die Gehirngewichte von Herrn Möbius.

Diese männliche Selbsterniedrigung überholt übrigens sogar Alice Schwarzer. Sie sagt: „So wenig wie ich die männliche Gegenwart wünschenswert finde, so wenig hoffe ich auf eine weibliche Zukunft. Ich glaube nicht daran, dass Frauen das bessere Geschlecht sind."[19] Heute meinen Männer, die auf der Höhe der Zeit bleiben wollen, sich in vorauseilendem Gehorsam selbst schlecht machen zu müssen.

Wunderbar, dass Männer Frauen neue Achtung entgegenbringen. Aber es tut mir weh, wenn sie sich dafür selbst als Deppen hinstellen. Ihr Männer, das habt ihr überhaupt nicht nötig! (Und die meisten Frauen werden es euch nicht danken, sondern euch dafür als Softies belächeln.) Nein, Männer sind genauso toll wie Frauen, nur eben anders. Jawohl! Wir brauchen sie dringender als je zuvor.

In der jüngeren Generation sehe ich das größte Problem zwischen den Geschlechtern darin, dass viele Männer tatsächlich den Napoleon'schen Weg des Rückzugs gewählt haben. Manche sind schon von klein auf so sehr von zickigen Frauen umgeben gewesen oder auf das Schema des zahmen Mannes getrimmt worden, dass sie aus ihrer Nische überhaupt noch nicht herausgekommen sind.

Bücher wie „Der wilde Mann", „Das Schweigen der Männer" und seit Neuestem „Der ungezähmte Mann" oder „Die Krise der Männlichkeit"[20] setzen hier an und zeigen auf, auf welche Weise Männer heute in ihrer Identität verunsichert sind. Sie trauen sich nicht mehr, den wilden, ungezähmten Mann aus sich herauszulassen. Manche haben auch herausgefunden, dass es sich bequemer leben lässt, wenn man dem anderen Geschlecht weniger Reibungsfläche bietet. Frauen kümmern sich heutzutage ja so wundervoll um alles. Im Ergebnis scheuen sich immer mehr Männer, Verantwortung zu übernehmen. Ihre wunderbare Eigenschaft, Spannungen aushalten zu können und Gefahren mit einer Extraportion Kraft begegnen zu können, bleibt ungenutzt.

Viele kennen ihre eigene Stärke gar nicht. In unserer megazivilisierten Gesellschaft muss mancher Mann erst Holz hacken oder die Gewaltmärsche in der Grundausbildung beim Bund erleben, um zu entdecken, welche Zähigkeit in ihm steckt. Auch ein simpler Umzug kann Wunder wirken, wie ich selbst erlebt habe: Mitstudenten, die sonst blass am Schreibtisch saßen, bekamen immer leuchtendere Augen, je verschwitzter ihre Hemden wurden.

Manche Männer laufen mit der Vorstellung durch die Welt, dass ihre Frauen das meiste sowieso besser können als sie. Wenn wir dann noch mit unseren fix angebrachten Ratschlägen und Tipps kommen, denkt sich so mancher Mann: „Lass ich es doch gleich bleiben." Hier wirkt sich der Unterschied, dass Frauen so gerne im Team arbeiten und Männer oft die Tendenz haben, Dinge alleine schaffen zu wollen, verhängnisvoll aus. Das läuft zum Beispiel so ab:

Ein Mann will das Arbeitszimmer umräumen. „Super", findet seine Frau, „ich möchte mitmachen", und bringt ihre Vorschläge ein. „Mist", denkt der Mann, „sie meint, ich mache es nicht richtig." Jetzt muss er reagieren: Entweder verteidigt er sich (dann kommt es zum Streit oder die Frau zieht sich verletzt zurück) oder er überlässt ihr das Feld. Sie ist frustriert – entweder, weil sie nicht mitmachen darf, oder weil er sie hängen lässt – und er ist frustriert, weil sie nicht hinter ihm steht. Sein Eifer, etwas für die Gemeinschaft zu tun, wird dadurch natürlich nicht größer.

In meiner Gemeinde kann ich das gut beobachten. Bei uns „dürfen" Frauen alles – wir haben Predigerinnen, Hauskreisleiterinnen, Ältestinnen und eine Pastorin. Die Folge: Wir machen auch alles. Das ist etwas überspitzt formuliert, aber es gibt tatsächlich Männer, die seit Jahren im Windschatten ihrer engagierten Frau mitlaufen. Wenn jemandem eine Aufgabe vorgeschlagen wird, kommen oft ehrliche Antworten wie: „Ich glaub, ich kann das nicht so gut wie eine Frau" oder: „Ich dachte, ihr wolltet nicht, dass ich das mache."

Unsere Männer brauchen anscheinend das glasklare Signal, dass sie gefragt sind. Viele von uns

Frauen wünschen sich mehr Männer, die „vorangehen". Wir sind überlastet und sehnen uns danach, Aufgaben und Verantwortungen abzugeben. Aber offensichtlich haben wir es noch nicht heraus, wie sich unsere Männer motivieren lassen. Ähnliche Beobachtungen kann man in vielen Gemeinden und Gruppen machen, in denen kein traditionelles Rollenbild vorherrscht.

Inzwischen hat sich in meiner Gemeinde ein Männertreff gebildet. Wir mussten alle lachen, als der Leiter im Gottesdienst erzählte, dass viele Teilnehmer erst von ihrer Frau an den Termin erinnert werden mussten. Als letztes Jahr große Bauarbeiten anstanden, waren es anfangs wieder mehr die Frauen, die mit angepackt haben. Es dauerte eine Weile, bis manche Männer mitkriegten, dass sie wirklich gebraucht wurden. Nach und nach haben sie sich eingeklinkt und dann Enormes geleistet. Vielleicht brauchen wir öfter solche „Vermännlichungskuren", damit Männer nicht den Eindruck gewinnen, Kirche sei etwas für Frauen – reden, Sorgen teilen und Kaffee trinken.

Neulich fragte ich einen Bekannten nach seiner Meinung darüber, was Frauen tun können, um Männer zu ermutigen, sich zu engagieren. Seine Antwort lautete: „Nicht viel. Aber wenn sie die Leitung übernommen haben, dann lasst sie auch." Das klang für mich selbstverständlich. Doch schon am gleichen Abend sollte ich eines Besseren belehrt werden …

Wir kamen zu einem Treffen aller Gottesdienstmitwirkenden zusammen, auf dem eine ganze Menge zu besprechen war. Unser junger Drittpastor hatte die Gesprächsleitung übernommen. Am Anfang erklärte er uns die verschiedenen Punkte der Tagesordnung.

Für den Schluss hatte er noch Zeit für persönliche Rückmeldungen vorgesehen. Mein spontaner Gedanke war: Hier sitzen so unterschiedliche Leute zusammen – fangen wir doch besser mit dem persönlichen Teil an, um miteinander warm zu werden.

Er saß direkt neben mir, und ich hatte meinen kleinen, süßen Vorschlag schon auf der Zunge, als es mir durch den Kopf schoss: „Wenn jemand die Leitung hat, dann lass ihn auch!“ Ich biss mir also auf die Lippen und stellte dann fest, dass der Abend hervorragend verlief. Am Ende hatten wir alle unsere persönlichen Dinge in den Tagesordnungspunkten unterbringen können.

Selbst, wenn mein Vorschlag klasse gewesen wäre: Er wäre es nicht wert gewesen, seine ausgearbeitete Liste so mir nichts dir nichts über den Haufen zu werfen, nur weil ich gerade mal eine Idee habe. Das hatte ich natürlich auch gar nicht beabsichtigt (ich wollte mich nur mitteilen, im Sinne einer reinen Positivbekundung meiner inneren Anteilnahme an diesem Treffen …) – aber bei meinem Pastor wäre es bestimmt als frontale Kritik an seiner Planung angekommen, wenn ich ihm direkt nach seiner Eröffnung ins Wort gefallen wäre.

Emanzipation wohin?

Wie kann es weitergehen? Kann es in unserer Gesellschaft immer nur einer Hälfte gut gehen, entweder den Männern oder den Frauen? Muss man den Spieß ständig umdrehen, kann man ihn nicht endlich einmal begraben? Es gibt doch genug Leute, denen allmählich dämmert, dass weder Frauen noch Männer an sich gut oder böse, sondern dass beide Menschen sind, mit ihren jeweiligen Stärken und Schwächen.

Wird das 21. Jahrhundert wirklich ein weibliches sein? Und wird es damit ein besseres sein als das vorangegangene? Als in den 1970ern der Ruf nach einem weiblichen Zeitalter laut wurde, verband man damit ungeheure Erwartungen: Ganzheitlicher sollte es sein, uns mehr in Einklang mit der Natur und unseren Mitmenschen bringen und uns neu zu unseren Ursprüngen zurückführen. Frieden und Harmonie statt Rivalität und Kampf. Man hatte das dumpfe Gefühl, dass irgendetwas am modernen Menschen unvollständig und kaputt ist, und sehnte sich zurück nach wahrer menschlicher Identität.[21]

Dahinter steht eine riesige Portion Kritik an unserer materialistisch orientierten Kultur, in der Technik eine immer zentralere Rolle spielt und die Menschen zu anonymen Nebendarstellern verkommen. Diese Kritik können wir gut vertragen. Man kann auch andere Anliegen der Frauenbewegung teilen, ohne ideologische Voraussetzungen wie den Klassenkampf der Geschlechter (sozialistische Variante) oder die Zeitaltertheorie von Yang und Yin (New-Age-Variante) zu übernehmen.

Überhaupt ist der Feminismus im Ganzen gesehen sicherlich vor allem eine Gegenbewegung gegen eine jahrhundertelange Abwertung und Einengung von Frauen. Wenn das Pendel nun auf der anderen Seite ausschlägt, kann man nur hoffen, dass es sich in Zukunft auf die Mitte zubewegt. Der christliche Ethiker Georg Huntemann nannte es Anfang der 80er Jahre das „Strafgericht des Feminismus", das eine schlecht ausgeführte „Männerherrschaft … erleiden muss".[22]

Umso wichtiger ist es, dass man die Emanzipation nicht mit überhöhten Erwartungen überfrachtet. Ernest Borneman beschrieb in den Siebzigern in seinem Buch „Das Patriarchat – Ursprung und Zukunft unseres Gesellschaftssystems" die gegenwärtige (männlich dominierte) Gesellschaft und stellte ihr die Vision einer weiblich geprägten Welt gegenüber: „Liebe, Geduld, Ausdauer, Hegen und Nähren sind die Grundsteine der mütterlichen Welt. Angst, Neid, Schuld und Scham sind die des Patriarchats."[23] Das klingt ziemlich schwarz-weiß und nicht besonders realistisch.

Ganzheitlichkeit, Ursprünglichkeit, Liebe – statt Zerbrochenheit, Angst und Schuld: Das klingt für mich wie ein Schrei nach Erlösung. Aber kann das ein weibliches Zeitalter leisten? Oder liegt das Heil in der Geschlechterbeziehung? Wer in seinem Innersten gesund werden will, braucht mehr als ein gutes Verhältnis zwischen Männern und Frauen. Unsere Welt krankt an mehr als einem Ungleichgewicht zwischen männlichen und weiblichen Strukturen. Wenn wir einmal bei Adam und Eva anfangen, sehen wir deutlich, dass unser Grundproblem nicht das zwischen Mann und Frau ist, sondern zwischen Mensch und Gott.

Ich bin überzeugt davon, dass wir in einigen Bereichen unserer Gesellschaft eine Portion weiblicher Perspektive gut gebrauchen können – genauso wie in anderen Bereichen männlicher Einfluss guttäte. Aber was wir wirklich *brauchen,* ist Erlösung. Nach dem Bericht des Neuen Testaments hat Jesus Christus diese Erlösung gebracht und damit auch die Geschlechterbeziehung auf eine ganz neue Basis gestellt – nämlich die ursprüngliche, die auf unserem alten Bild zu sehen ist.

Wie die Wiederherstellung aussehen kann, werden wir uns im letzten Kapitel anschauen.

Vorher sammle ich noch die Scherben auf, die ich vom Emanzipationshügel mitnehmen möchte:

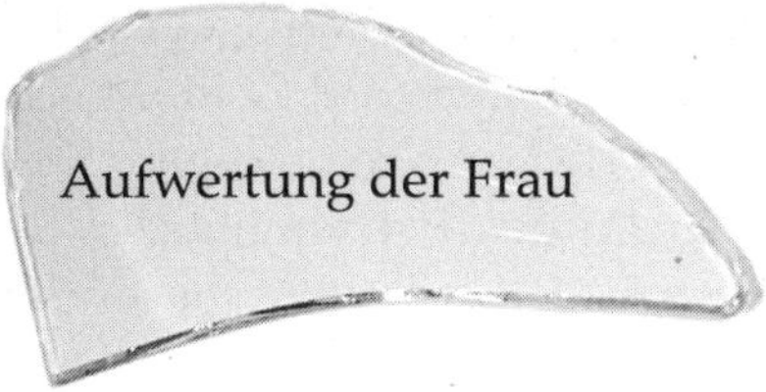

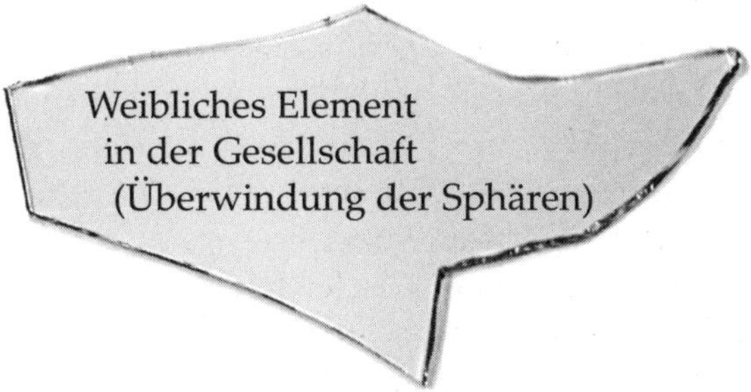

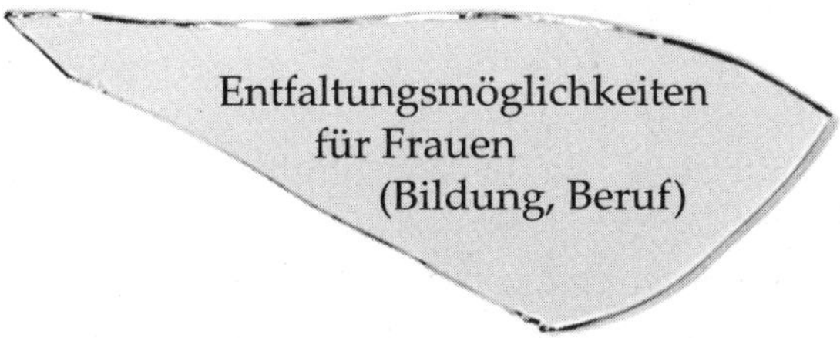

Kapitel 12

Gemeinsam sind wir stark!

Ich bin müde. Die Reisen auf die beiden Hügel haben mich erschöpft. So vieles gibt es dort, was ich nicht mitmachen möchte. Es kostet Kraft, die Einstellungen zu ergründen und sich von dem abzugrenzen, was einem dort entgegenschlägt. Ich will mich ein wenig ausruhen.

Ich schleppe mich zur Mitte des großen Scherbenhaufens. Dort ist vor fast 2.000 Jahren ein großes Kreuz errichtet worden. Noch heute steht es frei, denn zu allen Zeiten hat es Menschen gegeben, die hierherkamen und dafür sorgten, dass der Platz nicht im Schutt versunken ist.

Der Pfahl zeigt hoch in die Luft. Damals wurden hier Himmel und Erde wieder miteinander verbunden. Der Querbalken weist nach rechts und links, in die Welt, zu den Menschen, als ob das Kreuz sie umarmen wollte. „Kommt her, ich nehme euch mit zum Vater!“

Damals opferte Jesus dort sein Leben. Seitdem kann das, was durch Schuld und Vergehen zerbrochen ist, wieder heilen. Auch das, was sich an Enttäuschung, Wut und Angst zwischen den Geschlechtern aufgebaut hat. Die Liebe, die ihn in den Tod trieb, ist noch heute warm und lebendig. In ihrer Glut schmelzen die Scherben mit den scharfen Kanten und können zu etwas Neuem umgegossen werden.

Noch heute treffe ich ihn dort. Er schaut mich an und ich spüre: Es ist okay. Ich muss mich nicht weiter an diesem Scherbenhaufen abarbeiten. Solange wir das tun, werden die Scherben nur umgeschichtet werden, und es wird zu neuen Fronten kommen und wieder Porzellan zerschlagen werden. Wir brauchen dieses Feuer von oben, das die Scherben einschmilzt. Unsere kleinen Herzen reichen dazu nicht aus.

Die neue Partnerschaft

Als Jesus am Kreuz hing, dachte er auch an das pervertierte Geschlechterverhältnis. Am Ende hatten fast alle dieses grausame Hinrichtungsschauspiel verlassen, auch seine Freunde. Nur seine Mutter, einige andere Frauen und sein Jünger Johannes harrten aus.

Da sprach er zu Maria: „Siehe, dein Sohn!" Und zu Johannes: „Siehe, deine Mutter!" (vgl. Johannes 19,26–27). Noch in seiner Todesstunde führt er einen Mann und eine Frau zusammen und sagt: „Ihr gehört jetzt zusammen! Nicht als Eheleute, sondern als Familienangehörige."

Maria hatte neben Jesus noch mehrere andere Söhne. Neben ihr stand ihre Schwester. Sie hätte also auch ohne diese von Jesus eingefädelte Zusammenführung nicht auf der Straße gestanden. Jesus wollte noch einmal zeigen, worum es ihm geht: Die Menschen sollen wieder aufeinander zugehen, auch und gerade Männer und Frauen. Er beginnt mit seiner eigenen Mutter und seinem vertrautesten Jünger, um zu demonstrieren: Männlich und weiblich soll wieder eine Partnerschaft eingehen. Unter dem Kreuz wird der Riss im Ebenbild Gottes gekittet.

Wenn ich Jesus so ansehe, ist es mir, als wollte er sagen:

> „Ihr Frauen und Männer am Beginn des 21. Jahrhunderts, beendet den Kampf und begrabt den Spieß, anstatt ihn weiter umzudrehen und gegeneinander zu richten. Freut euch aneinander, anstatt euch aneinander zu reiben; genießt einander, anstatt euch zu ärgern. Ihr braucht einander. Wenn ihr das zulasst, werdet ihr entdecken: ‚Gemeinsam sind wir ein starkes Team!'
> Ihr Frauen, ihr braucht nicht um euch zu kämpfen, denn ich werde es für euch tun. Ich weiß am besten, was in euch steckt und was ihr euch wünscht. Ich habe euch genauso wie die Männer begabt und freue mich, wenn ihr euch mit euren Gaben einsetzt. Ich kenne eure Kraft wie auch eure Zartheit. Ich will euer Schutz sein, damit ihr euch nicht verhärten müsst, sondern entfalten könnt. Begreift doch, dass die Männer euch unendlich brauchen, und gebt ihnen eine Chance!
> Ihr Männer, erhebt eure Häupter! Ich habe euch alles gegeben, damit ihr das Chaos dieser Welt ordnen und in fruchtbare Gärten verwandeln könnt. Steigt in eure Kraft ein, die Räume schafft und Gefahren abwehrt. Versteht, dass die Frauen euch unendlich brauchen, und lasst es nicht ein Jahrhundert der Frauen werden, sondern ein Jahrhundert der Freundschaft."

Packen wir es also an und verbünden wir uns miteinander! Ziel des Bündnisses ist die gemeinsame Gestaltung der Welt. Wir können auch ein paar Bedingungen für die Bündnispartner aufstellen. Eine Grundvoraussetzung sollte sein, dass wir den anderen nicht willentlich ausnutzen. Außerdem sollte es jederzeit möglich sein, seine ehrliche Meinung zu sagen, ohne als illoyal angesehen zu werden.

Vertrauen ist möglich, wenn wir erleben, dass der andere sich Mühe gibt, indem er sich etwa für uns einsetzt oder unsere Absichten honoriert. Toleranz ist zu wenig, solange jeder nur in seiner Ecke sitzt. Springen wir immer mal wieder über unseren eigenen Schatten und gehen aufeinander zu. Sind Sie bereit, den anderen so zu sehen, wie er wirklich ist – als Mensch mit Stärken und Schwächen, Wünschen und Befürchtungen?

Ergänzen und stärken

Beenden wir endlich das Duell. Verzichten wir auf den Triumph, als Sieger aus dem Ring zu steigen, und entschließen wir uns, im anderen einen Partner zu sehen. Das bedeutet: uns *gegenseitig ergänzen* und *die Stärke des anderen suchen.*

Wie wir einander wirkungsvoll ergänzen können, ist in diesem Buch schon an vielen Stellen angeklungen: Die scheinbar verqueren Ansichten des anderen können eine wichtige Bereicherung für unsere eigene Perspektive sein. Einem komplexen Problem wird man am besten zu Leibe rücken können, wenn man die oft systemische männliche Sicht mit der weiblichen, meist stärker an Einzelschicksalen orientierten Sichtweise zusammenbringt. Vorsicht vor Wertungen wie „richtig" und „falsch" – die Wirklichkeit bietet oft mehr als nur schwarz und weiß.

Denken wir an die Sache mit der „Basis" und der „Verfeinerung" zurück. Wenn es stimmt, dass Männer so wie schon Adam dazu neigen, Dinge in ihrer wesentlichen Substanz zu erfassen und dann grundlegende Strukturen einzurichten, während sich Frauen so wie Eva eher mit Dingen, die schon da sind, befassen und diese dann ausgestalten, mit Leben füllen und für die Liebe im Detail sorgen, dann können wir uns in dieser Eigenart wunderbar ergänzen.

Nach John Gray sind Frauen die geborenen Verbesserer, während Männer gerne etwas Neues installieren, etablieren – und dann zum nächsten Tagesordnungspunkt übergehen. Allein in diesem Unterschied verbirgt sich genügend Konfliktstoff für ständigen Streit – oder die Einsicht, dass beides wichtig ist und jeder das tun kann, was ihm liegt. Dann geht einem der andere vielleicht immer noch auf die Nerven oder man ärgert sich darüber, auf welche Weise der andere seine Zeit oder das gemeinsame Geld verwendet, aber man hat ein Schema, anhand dessen man das große Ganze sehen kann, zu dem jeder seinen Teil beiträgt.

Überhaupt sollte jeder – gleich, ob Mann oder Frau – das tun dürfen, was er kann und wobei er sich einigermaßen wohlfühlt. Die eigenen Stärken können zum Wohl aller eingesetzt werden und Schwächen von allen mitgetragen werden. Wichtig ist, dass man sich der eigenen Stärken und Schwächen und auch der der anderen erst einmal bewusst wird. Dazu muss man darüber sprechen können, ohne die Person als Ganzes zu werten. Der andere ist anders, nicht besser oder schlechter, auch wenn er eine bestimmte Sache besser oder schlechter bewältigen kann.

Wir können also unsere vereinten Ressourcen so nutzen, dass es für jeden von Vorteil ist. Auf diese Weise werden mächtige Energien freigesetzt werden. Dazu kommen die Synergieeffekte: Wenn sich unsere

Einzelbeiträge nicht nur addieren, sondern in neuen Keimzellen „eins werden“, können wir aus einem riesigen Potenzial schöpfen. Noch mehr Energie werden wir gewinnen, wenn wir unsere Möglichkeiten nutzen, den anderen zu stärken.

Die beiden Kreisläufe

Es gibt zwei Kreisläufe, die nebeneinander bestehen: der Kreislauf der Abwertung und der Kreislauf der Stärkung. Der Kreislauf der Abwertung wird immer dann in Bewegung gesetzt, wenn wir jemanden herunterputzen, lächerlich machen oder anderweitig schlecht behandeln. Der andere wird sich nämlich als Reaktion darauf entweder in die Defensive zurückziehen oder in die Offensive gehen und zurückschießen. Und schon haben wir wieder neues Futter für Kritik – wenn wir uns nicht selber getroffen fühlen und nun eine Portion Bestätigung gebrauchen könnten, die dann von der anderen Partei natürlich kaum noch zu erwarten sein wird.

So dreht sich die Spirale immer weiter nach unten, bis beispielsweise in einer Ehebeziehung die Frau plötzlich frigide wird oder der Mann Erektionsstörungen bekommt. Jeder Schlag hat die Temperaturen weiter abkühlen lassen, bis beide zu Eisklötzen erstarrt sind.

Aber die Wechselwirkungen können auch nach oben ziehen, indem der Kreislauf der Stärkung in Gang gesetzt wird. Das funktioniert zum Beispiel so: Ich lobe jemanden, der fühlt sich von mir geschätzt und bringt mir seine positiven Empfindungen an anderer Stelle vielleicht in Form von Hilfsbereitschaft oder Sympathiebekundung entgegen. Was mich wiederum bereit macht, eine Schwäche von ihm auszuhalten oder eine berechtigte Kritik an mir annehmen zu können – was ihn weiter beflügeln wird …

Wenn wir diesen zweiten Kreislauf kultivieren, werden wir eine interessante Entdeckung machen: Es wird sowohl den Frauen als *auch* den Männern besser gehen. Feministinnen suggerieren uns, dass wir Frauen für uns kämpfen müssen, um nicht zu kurz zu kommen. Solange Männer sich auf ihrer Vormachtstellung ausgeruht haben, hatten sie nicht ganz unrecht damit. Doch die Verteilerkämpfe, die sie ausrufen, bringen wieder munter den Kreislauf der gegenseitigen Abwertung in Schwung und setzen eine Fülle negativer Emotionen frei. Gesetzlich auferlegte Frauenquoten sollen Gerechtigkeit schaffen, aber sie heizen auch die Gegnerschaft der Geschlechter neu an.

Wenn wir aus diesem Kreislauf aussteigen und in die Aufwärtsspirale der Stärkung eintreten, wird das Maß an gegenseitiger Achtung und Liebe immer größer werden. Wir merken: Es ist genug für alle da. Der Kuchen, um dessen Stücke wir uns so heftig schlagen, wird von selbst immer größer werden, wenn aus einem Gegeneinander ein Miteinander wird.

In Wahrheit haben wir einfach Angst voreinander. Frauen haben Angst vor der Fähigkeit der Männer, Gefühle von sich fernzuhalten und ganz „sachlich" zu argumentieren. Im Streit fühlt sich eine Frau schnell unterlegen, wenn sie in Tränen ausbricht wie ein kleines Kind. Was soll sie schon gegen seine klugen Argumente einwenden, wo sie doch nur von ihren Gefühlen mitgerissen wird?

Auf der anderen Seite haben Männer oftmals Furcht vor dieser Emotionalität. Am Ende sind sie wieder die Bösen, die eine Frau zum Weinen gebracht haben. Vor der weiblichen Gabe der Intuition haben sie oft einen enormen Respekt und fühlen sich geradezu ausgeschlossen aus dieser mysteriösen Dimension, dass eine Frau innerhalb von Sekundenbruchteilen erkennt, was sie sich als Mann in mühevoller Kleinarbeit klarmachen müssen. Auch an diesem Punkt eröffnet sich uns ein weites Feld sinnvoller Ergänzung.

Im sexuellen Bereich wird noch deutlicher, wie uns die Angst, dem anderen zu unterliegen, dazu treibt, ihn „vorsorglich" abzuwerten. Männer sagen mir, dass ihresgleichen *alles* tut, um die Kontrolle zu behalten und sich nicht in einer Frau zu verlieren. Es erscheint mir verrückt, aber sie erklären mir, dass die Faszination an Pornofilmen darin liegt, dass ein Mann sich hier mit einer Fernbedienung eine Frau gefügig machen kann. Auch von Pädophilen ist bekannt, dass ihr Interesse an Kindern daher rührt, dass sie hier ein sexuelles Objekt vor sich haben, das sie beherrschen können.

Auch Frauen kennen diese Urkraft, die sie sich auf Gedeih und Verderb an einen Mann klammern lässt. Auch wenn sie manchmal verächtlich von ihren Männern sprechen, sind sie emotional doch hoffnungslos abhängig von ihnen. Abhängigkeit macht Angst. Wir misstrauen dem anderen Geschlecht, weil wir oft nicht merken, dass wir es selbst sind, die sich ausliefern. Wir spüren nur, dass uns Gefahr droht von diesem fremden Wesen, das gleichzeitig so beschränkt und überlegen wirkt, seltsam und faszinierend zugleich.

Wenn wir nun also den Kreislauf der Stärkung in Bewegung setzen und spüren, dass wir vom anderen wirklich angenommen sind, können diese Ängste zur Ruhe kommen. Dann können wir etwas von der Kraft einsparen, die wir sonst damit verbrauchen, uns voreinander zu schützen. Wir brauchen uns nicht mehr ständig im besten Licht darzustellen, sondern können es uns auch erlauben, uns die eine oder andere Blöße zu geben. Die frei werdende Energie können wir wiederum in diesen Kreislauf der Stärkung stecken.

Wie kann das konkret aussehen? Hier einige Ideen:

- Ein paar Banalitäten, an die wir trotzdem immer mal wieder erinnert werden müssen: Ein Lob tut jedem gut. Ein Dank auch. Nichts ist selbstverständlich. Ein Lob gibt Mut zum Weitermachen, ein Dank die Lust dazu. Wenn wir etwas sehen, was der andere tut, sprechen wir es doch einfach mal aus! Gerade, wenn es nicht schon durch Gehaltszahlungen honoriert wird. Oder wir zeigen mit einer Geste spontan unsere Begeisterung oder schreiben bei passender Gelegenheit ein Kärtchen, machen dem anderen ein kleines Geschenk etc.
- Besonders wirkungsvoll von Mann zu Frau: ein Kompliment zu ihrem äußeren Erscheinungsbild. Besonders wirkungsvoll von Frau zu Mann: eine Anerkennung dessen, was er tut, am besten noch vor anderen. Der Satz „Ich bin stolz auf dich, weil …" kann Wunder wirken. Ein Spruch, den ich immer wieder bestätigt finde, lautet: Frauen wollen geliebt werden, Männer bewundert. Also: Jedem das Seine!

- Dass wir die Kompetenz des anderen schätzen, können wir auch zeigen, indem wir ihn aus freien Stücken um Rat fragen. Viele Menschen fühlen sich respektiert, wenn sie nach ihrer Meinung gefragt werden, anstatt ihre Gedanken herunterzuschlucken oder mühsam in möglichst konstruktive Kritik verpacken zu müssen.
- Wenn wir Grund zu Kritik und Unzufriedenheit haben, können wir auch diese Dinge auf eine Art und Weise anbringen, die den anderen nicht schwächt, sondern stärkt. Suchen wir eine ruhige Gesprächssituation, bleiben wir beim Punkt, anstatt wild zu verallgemeinern. Bleiben wir bei unseren Gefühlen, anstatt dem anderen hochrichterliche Urteile um die Ohren zu schlagen, und zeigen wir eine konkrete Alternative auf: „Es würde mir sehr helfen, wenn du bei einer ähnlichen Gelegenheit dieses oder jenes tun würdest. Dann fühle ich mich nämlich … " Klingt vielleicht ein bisschen therapeutisch, funktioniert aber!
- Eine Frau fühlt sich geliebt, wenn jemand bei ihr ist und sich um sie kümmert. Mich rührt immer wieder die Szene in dem Zweiteiler „Die Luftbrücke" an, in der sich die Hauptdarstellerin und ein US-General näherkommen: Bei einem Manöver ist einer der Piloten, der inzwischen mit ihrer besten Freundin verlobt ist, ums Leben gekommen. Sie sitzt erstarrt da und sagt zum General: „Ich kann ihr doch jetzt nicht sagen, dass er tot ist!" Er reicht ihr die Hand und sagt: „Du musst das nicht alleine tun."
- Ich spüre es manchmal ganz konkret in meinem Rücken, ob ich jemanden habe, der hinter mir steht,

oder nicht. Wenn ich zu viele Lasten alleine trage, verspannt sich mein Nacken. Ich brauche buchstäblich andere Menschen, die mir den Rücken stärken. Wenn ich die Lasten mit jemandem teilen kann, entspannt sich mein Rücken und ich kann ziemlich leistungsfähig sein. Als geteilt empfinde ich eine Last oft schon dann, wenn ich mit jemandem darüber reden kann, der sich ernsthaft dafür interessiert.

- Viele Männer fühlen sich dagegen ernst genommen, wenn man ihnen zutraut, dass sie etwas alleine schaffen. Sie werden gestärkt, indem man ihnen dieses Zutrauen entgegenbringt und nicht durch voreilige Ratschläge oder ständiges Nörgeln den gegenteiligen Eindruck erweckt.
- Angesichts der heutigen Männerhäme kann es auch einmal angebracht sein, bewusst ein anderes Signal zu setzen: „Ihr seid kein Auslaufmodell, sondern Gottes herrliche Schöpfung!“ Ich habe mich einmal in einer Predigt zu diesem Thema an unsere Gemeinde gewandt und gesagt: „Männer, wir Frauen brauchen euch! Wir wollen nicht ohne euch aktiv werden.“ Das hat einige interessante und tiefe Gespräche ausgelöst.
- In Paarbeziehungen ist der sexuelle Bereich ein wichtiges Feld, um den anderen zu stärken. Wenn er weiß, dass er auch im Intimbereich willkommen ist, gibt das Kraft für andere Bereiche. Wenn sie erlebt, dass er hier liebevoll mit ihr umgeht, füllt das manche Akkus für die Alltagsmühlen wieder auf.

Noch einmal fällt mein Blick auf die beiden Hügel. Ich möchte mich nicht länger blenden lassen von dem Gegenüber aus Tradition und Emanzipation. Es gibt mehr als diese beiden Alternativen. Wir sind nicht mehr die Holly Golightlys, die als naive Kindfrauen durch die Welt stöckeln. Wir müssen uns nicht mehr wie Yentl aus dem Film von Jack Rosental und Barbra Streisand als Mann verkleiden, um studieren zu dürfen. (Was ein Mann wohl an dieser Stelle einsetzen würde?) Ich will mich aber auch nicht an einem männlichen Wertekanon orientieren müssen, um zu beweisen, dass ich es genauso draufhabe. Auch bei der Männerschelte fühle ich mich nicht wohl. Ebenbürtigkeit und Verschiedenheit lassen sich verbinden!

Mein Blick schweift über die weite Ebene, die sich zu Füßen der beiden Hügel erstreckt. Hier ist noch viel Platz. Hier will ich mein Haus bauen und mit anderen gemeinsam das Leben gestalten. Es soll von den Prinzipien bestimmt werden, die wir an unserem großen, alten Bild entdeckt haben:

- Geschlechtlichkeit – Verschiedenheit – Gleichwertigkeit (vgl. 1. Mose 1,27)
- Ergänzung – Zusammengehörigkeit & Wesensverwandtschaft
- ordnendes Wesen des Mannes – lebensförderndes Wesen der Frau
- Verantwortungsvorsprung des Mannes – Ergänzung durch die Frau.

Hier noch ein paar Kennzeichen, die meiner Meinung nach diesen biblischen Weg ausmachen:

Aus der Schöpfung heraus
Das bedeutet nicht nur, dass wir uns am Bild des Schöpfungsberichtes orientieren, wie ich es aufzuzeigen versucht habe. Wenn wir wirklich so *geschaffen* sind, wie die Bibel sagt, tragen wir diese Wesenszüge in uns. Wir brauchen also keine äußeren Rollenzuschreibungen, sondern können aus unserer Identität heraus leben. Um in unserer Identität sicherer zu werden, können manchmal äußere Koordinaten hilfreich sein, aber nur dann, wenn sie in uns etwas zum Klingen bringen, was tatsächlich vorhanden ist. In Anlehnung an den berühmten Satz von Augustin „Liebe und tu, was du willst" würde ich sagen: „Wisse, wer du bist – und tu, was du willst!"

In der Vielfalt
Dieser Identitätsbezug lässt Raum für die ganze Vielfalt unterschiedlicher Persönlichkeiten und ihrer Lebensstile. Es gibt nicht *die* richtige Frau und *den* richtigen Mann. Wenn wir von Gott als Frauen und Männer geschaffen sind, dann ist jeder eine „richtige Frau" oder ein „richtiger Mann". Unsere Identität ist manchmal verstellt, verwirrt oder blockiert, aber sie ist da. Wir brauchen sie nicht zu erfinden. Wenn wir sie entdecken, werden wir merken, dass etwas in uns ins Lot kommt.

In einer gefallenen Welt
Wir leben zeitlich nach 1. Mose 3 (dem Sündenfall). In unsere geschaffene Identität mischen sich also auch die

Kaputtheiten und Verfehlungen. Das bedeutet, dass wir einander nicht idealisieren sollten, sondern immer auch mit Fehlern und Egoismus rechnen müssen. Seien wir nicht frustriert, wenn es bei uns nicht ganz so paradiesisch zugeht. Und stellen wir uns dem Unrecht aktiv entgegen, wenn es sich auszubreiten droht. Das Einfügen in eine Ordnung geschieht immer freiwillig und kann aufgekündigt werden, wenn man ihre Auswüchse nicht mehr mittragen kann.

Von der Erlösung her

In der Gebrochenheit gibt es eine neue Grundlage – die Erlösung und Vergebung, die Jesus erwirkt hat. Das bedeutet, dass wir nicht in den Verhaltensmustern unserer Welt verstrickt bleiben müssen. Wir können jederzeit aus dem Kreislauf der Abwertung aussteigen und den Kreislauf der Stärkung in Gang setzen. Vergebung ermöglicht Versöhnung, und das bedeutet, einen Schlussstrich unter die Wunden der Vergangenheit zu ziehen und miteinander einen Neuanfang zu wagen. Keiner sollte für das „büßen" müssen, was irgendein anderer Vertreter seines Geschlechts irgendwann einmal verbockt hat.

Im Dienst am Leben

Der tiefste Sinn des Geschlechterbündnisses ist die Ordnung und Aufrechterhaltung des Lebens auf der Erde. Deshalb wird das gemeinsame Aufziehen der nächsten Generation immer einen hohen Stellenwert haben. Zahler für unsere Rente zu produzieren ist noch kein Dienst am Leben. Unsere Bestimmung als Frauen und Männer wird immer darin bestehen, Mütter und Väter zu sein – sei es wörtlich oder im übertragenen Sinne, indem wir jüngere Menschen begleiten, fördern und dafür sorgen, dass diese Erde ein bewohnbarer Ort bleibt.

Unter der Autorität Gottes
Wirklich ins Lot kommt das Geschlechterverhältnis erst, wenn Männer und Frauen Gott als Autorität über sich respektieren. Sonst wird es eines der beiden Geschlechter immer jucken, den oberen Platz einzunehmen. Unter Gottes Autorität wird Leitung von Herrschaft zum Dienst, Hören auf den anderen zum Dienst am Schöpfer.

In Anbindung
Wir sind in größere Zusammenhänge eingebunden, sei es in unsere Familie, die Gesellschaft oder den großen „Leib Christi", die weltweite Gemeinde. Wir nehmen unseren Platz in Gottes Kosmos ein, einen Platz, an dem wir uns voll entfalten können. Es gibt mehr als Selbstverwirklichung – wir haben eine Berufung!

Bei sich selbst anfangen
Jedes hehre Ideal soll zuerst in unserem eigenen Leben Wirklichkeit werden. Die Geschlechterbeziehung ist ein gutes Trainingsfeld, um die Botschaft des Neuen Testaments einzuüben – den Nächsten zu lieben und höher zu achten als sich selbst (vgl. Philipper 2,3). Bringen wir die Früchte des Geistes wie Liebe, Freundlichkeit und Geduld in uns hervor, anstatt unsere Visionen in andere hineinzuprojizieren.

Im Entwurf
Weil dieser Weg kein festgeklopftes Verhaltensschema darstellt, werden wir vieles nur durch Probieren he-

rausfinden. Versuchen wir es immer wieder mit den Haltungen, die uns schwerfallen. Experimentieren wir mit unseren Aufgaben und Rollenverteilungen, bis wir merken: So kommen wir der Sache näher!

Schlusswort

Nun sind wir am Ende unserer Expedition angekommen. Lassen wir also die beiden Scherbenhügel links und rechts liegen und richten wir uns in einer weiteren Ebene ein. Steigen wir ein in ein lebendiges Gegenüber von Männern und Frauen, die unter der Herrschaft Gottes stehen. Der böse Geselle fürchtet kaum etwas so sehr wie gesunde Geschlechterbeziehungen. Ich bin überzeugt: Wenn wir uns am Bild des biblischen Schöpfungsberichtes orientieren, dann wird es uns nicht nur persönlich besser gehen, sondern unser Lebensstil wird auch eine attraktive Werbung für andere sein, sich mit diesem Gott des großen, alten Bildes zu beschäftigen. Je mehr lebendige Beispiele sie vor sich haben, desto eher werden sie begreifen, dass ihre kleinen, hässlichen Nachbildungen von Rippen, Vamps und Heimchen am Herd üble Fälschungen waren. Das Original ist und bleibt eine wahrhaft himmlische Idee!

*

Nun bin ich gespannt auf den Kommentar von Emmerich Adam. Er ist Theologe und beschäftigt sich ebenfalls intensiv mit Geschlechterfragen, unter anderem als Herausgeber der Männerzeitschrift „Adam online" (www.adam-online.de). Er war übrigens ein paar Jahre lang mein Chef – ja, derjenige, der in einem Beispiel in diesem Buch auftauchte.

Ich finde, nach so vielen weiblichen Gedanken brauchen wir unbedingt noch eine Prise männlicher Sicht. Schließlich sollen wir doch gemeinsam ... Sie wissen schon!

Nachwort eines Mannes

Über die Möglichkeit, dieses Nachwort zu schreiben, habe ich mich sehr gefreut – gerade als Mann. Die Autorin schreibt ihr Buch aus der weiblichen Perspektive, und ich vermute, es werden vor allem Frauen sein, die ihr Buch lesen werden. Eigentlich schade! Denn was Frauke Bielefeldt schreibt, geht auch uns Männer an: Versöhnung der Geschlechter, Miteinander statt Gegeneinander – das betrifft ja Frauen und Männer. Daher: Wenn Sie eine Frau sind, drücken Sie das Buch doch einmal einem männlichen Bekannten in die Hand: „Deine Meinung zu diesem Buch würde mich wirklich interessieren!"

Wie reagieren wir Männer eigentlich auf das zunehmende Selbstbewusstsein der Frauen, von dem die Autorin schreibt? Und wie reagieren wir auf das Versöhnungsangebot, das uns die Autorin in ihrem letzten Kapitel macht?

Das Problem ist, dass es sich dabei bereits um ein *Reagieren* handelt. Denn eines haben wir Männer insgesamt versäumt: rechtzeitig zu agieren, die Initiative zu ergreifen – für die Frauen (und damit letztlich auch für uns). Einzelne Männer haben das in der Geschichte freilich immer wieder getan. Bereits vor 2.000 Jahren ergriff ein Mann, Jesus, die Initiative – auch für Frauen. Nicht aus einer Verteidigungsposition heraus, nicht, weil er sich bedroht fühlte, sondern weil er das Heil mit allen teilen wollte, und dazu gehörten für ihn auch die Frauen (was damals nicht selbstverständlich war!).

Inzwischen sieht die Lage anders aus: Viele Männer fühlen sich durch das Vorpreschen der Frauen verunsichert, ja bedroht. Die Chance zum rechtzeitigen, gesellschaftsverändernden Handeln ist verpasst; uns Männern bleibt nur noch zu reagieren, doch auch das könnten wir verpassen. Frauke Bielefeldt spricht es an: Viele Männer reagieren mit Rückzug. Sie überlassen das Feld den Frauen und toben sich in ihren immer kleiner werdenden Nischen aus. Andere reagieren betont softiemäßig, um ja nicht bedrohlich zu wirken (wobei übersehen wird, dass wir Männer immer weniger als Bedrohung und immer mehr als schlicht überflüssig empfunden werden). Noch einen Schritt weiter gehen diejenigen Männer, die ihr Geschlecht geradezu verraten („Sorry, ich bin eine schlechte Laune der Natur.“).

Aber wie angemessen reagieren – oder besser gesagt: agieren? Zum Gegenschlag ausholen? Retten, was noch zu retten ist an männlicher Macht? Nein, Männer sollten sich überhaupt nicht auf einen Geschlechterkampf einlassen. Das bedeutet aber nicht Rückzug, nicht „Flucht vor dem Feind“. Im Gegenteil, es bedeutet, auf die Frauen zuzugehen, denn sie sind ja gar nicht unsere Feinde – und wollen es in den meisten Fällen auch gar nicht sein. Als selbstbewusste Gentlemen sollten wir auf sie zugehen und uns mit ihnen verbünden. Nicht, weil wir so harmoniebedürftig wären (das sind wir Männer in der Regel ja nicht), sondern weil wir ergänzungsbedürftig sind, so wie die Frauen auch. „Gemeinsam sind wir stark“, schreibt die Autorin treffend.

Wirkliche Verbündete, echte Partner können wir den Frauen aber nur sein, wenn wir als Männer wissen, wer wir sind. Wenn wir uns nicht weiter verunsichern lassen und von den Medien ein Männerbild aufschwatzen lassen, das uns überhaupt nicht entspricht: Nein, wir Männer sind weder Trottel noch unbesiegbare Action-Helden.

Wie entdecken wir, wer wir eigentlich sind? Indem wir uns Gott aussetzen, immer wieder. Das gilt sowohl für Männer als auch für Frauen. Sicher können wir einander unterstützen und ermutigen – Männer die Frauen und umgekehrt. Aber uns in der ganzen Tiefe entdecken und entfalten können wir nur im Angesicht Gottes. Unsere eigentliche Bestimmung lesen wir nicht aus den Augen einer Frau beziehungsweise eines Mannes, sondern nur aus den „Augen" Gottes. Haben wir uns in Gottes Gegenwart erkannt, dann – und erst dann – können wir auf rechte Weise auf das andere Geschlecht zugehen. Dann erwarten wir vom anderen nicht zu viel, dann überfrachten wir ihn nicht mit Erwartungen und Sehnsüchten, die letztlich nur Gott stillen kann.

Sich Gott immer wieder auszusetzen, das hat etwas mit Zeit zu tun. Das passt so gar nicht in unsere hektische Zeit, in der wir wie getrieben von Termin zu Termin hecheln, sowohl in unserem beruflichen Alltag als auch in unserer Freizeit. Darin sehe ich eine der größten Herausforderungen unserer Zeit: sich Zeit zu nehmen für das, was einem wirklich wichtig ist – sich Zeit zu nehmen für Gott. Nicht nur sonntags im Gottesdienst, sondern jeden Tag. Zu schnell lassen wir uns einreden, dass das nicht geht. Es geht doch – wenn es uns wirklich wichtig ist.

Ich habe einen Traum: Ich träume von Frauen, die nicht mehr um ihre Rechte kämpfen müssen, und von Männern, die sich nicht mehr verunsichern lassen – die Seite an Seite in den Kampf um eine gerechte Welt treten, in der Gottes Heil immer mehr Gestalt annimmt. Denn unser Kampf gilt nicht dem anderen Geschlecht, sondern dem Bösen in seinen vielfältigen Erscheinungsformen.

Kämpfen Sie mit?

Emmerich Adam, Gießen 2006

Adam und Eva fliegen auf einer Wolke über den großen Scherbenhaufen. Eva ruft: „Guck mal!"

Adam hebt seinen Kopf und legt den *Himmlischen Kurier* zur Seite. „Wo?"

Eva: „Na, da unten! Die Menschen!"

Adam: „Du meine Güte, das sieht aber nicht gut aus. Sie streiten und schlagen sich ja!"

Eva: „Und alles wegen uns ..."

Adam: „Wenn du damals bloß nicht der Schlange begegnet wärst. Du hättest dich gar nicht erst auf ein Gespräch mit ihr einlassen dürfen. Manchmal ist Schweigen eben besser als Reden."

Eva: „Und du hättest deinen Hintern hochkriegen können, anstatt zuzuschauen! Was macht so ein gefährliches Wesen überhaupt in unserem Garten!"

Da treffen sich ihre Blicke und auf einmal brechen beide in schallendes Gelächter aus.

„Ach, Eva!", sagt Adam und legt seinen Arm um sie, „du bist doch Fleisch von meinem Fleisch."

Eva schmiegt sich ganz eng an ihn und flüstert: „Ja, wir gehören zusammen!"

Anmerkungen

Einleitung

[1] Siehe z. B. Genesis-Kommentar (vgl. Anm. 4 zu Kapitel 4) von Hansjörg Bräumer *(Wuppertaler Studienbibel),* S. 65: „Der Hebräer ist gewohnt, zunächst eine generelle, universale Darstellung eines Ganzen vorzulegen, um danach ausführlich auf den eigentlichen Mittelpunkt des Geschehens einzugehen." Vgl. auch W. S. LaSor u. a., *Das Alte Testament – Entstehung, Geschichte, Botschaft,* Hg. Helmuth Egelkraut, 3. Auflage: Gießen/Basel 1992 (Brunnen), S. 87: „Nach dem hebräischen Zweiheitsprinzip lässt sich ein Tatbestand nur so voll umschreiben, dass man ihn auf zweifache Weise in Worte fasst."

Kapitel 2: Der gemeinsame Auftrag

[1] Karl Barth: *Kirchliche Dogmatik* Teil III, Band 4 (KD III/4), 3. Aufl., Zürich 1969, S. 129.

[2] Vgl. *Der Neue Pauly (Enzyklopädie der Antike),* Band 4, Metzler, Stuttgart 1998, Spalten 630 und 634.

[3] Simone de Beauvoir: *Das andere Geschlecht,* Rowohlt, Reinbek 1951.

[4] John Gray: *Männer sind anders. Frauen auch,* Goldmann Verlag, München 2002. Allan und Barbara Pease: *Warum Männer nicht zuhören und Frauen schlecht einparken. Ganz natürliche Erklärungen für unerklärliche Schwächen,* Ullstein Taschenbuch, Berlin 2000. Bill Farrel: *Männer sind wie Waffeln – Frauen sind wie Spaghetti. Warum Ihr Partner anders ist – und Sie auch,* Witten, R. Brockhaus, 3. Aufl., 2005.

Kapitel 3: Wir brauchen Ergänzung

[1] Aus: Katrin Gebhard: *Frauen … und was Männer von ihnen halten,* Coppenrath, Münster 2002, S. 43.
[2] So Dietrich Bonhoeffer in seiner Vorlesung über 1. Mose 1–3, abgedruckt in *Schöpfung und Fall,* 3. Aufl., Kaiser, München 1955, S. 69.
[3] Aus *De Genesi ad Litteram ix, 5cf vii.* Zitiert nach Anne Atkins: *Kinder, Küche, Kirche – Die Rolle der Frauen nach der Bibel?,* Aussaat, Neukirchen 1989, S. 195.
[4] Theodor Culmann 1874, zitiert bei Werner Neuer: *Mann und Frau in christlicher Sicht,* Brunnen Verlag, Gießen 1981, S. 55.

Kapitel 4: Die Sache mit der Rippe

[1] Leicht vereinfacht aus: Wilhelm Gesenius: *Hebräisches und Aramäisches Handwörterbuch,* 17. Aufl., Berlin u. a. 1962. Ähnlich auch in *Koehler-Baumgartner (Hebräisches und aramäisches Lexikon zum AT,* hrsg. von Ludwig Koehler und Walter Baumgartner, Band 3, 3. Aufl., Leiden 1983). Eine vollständige

Liste der Bibelstellen, die das Wort *zela* verwenden, findet sich auch hier oder in Konkordanzen und Suchsystemen, die mit dem hebräischen Text arbeiten.

[2] Ebenso verhält es sich mit der Septuaginta (der alten griechischen Übersetzung des AT). An der entsprechenden Stelle steht hier das Wort *pleura,* das nach dem *Greek-English-Lexicon of the Septuagint* an allen Stellen „Seite" bedeuten soll, nur an dieser Stelle „Rippe" (nach der überarbeiteten Aufl. von 2003, Deutsche Bibelgesellschaft Stuttgart).

[3] Erwähnt bei Carl Friedrich Keil: *Genesis und Exodus, Biblischer Commentar über das AT,* Band 1, Nachdruck der 3. Aufl. von 1878, Brunnen Verlag, Gießen 1983, S. 64.

[4] Die allermeisten Kommentare, die mit „Rippe" übersetzen, begründen dies nicht näher. Claus Westermann weist in seinem Genesis-Kommentar (3. Aufl., Neukirchen-Vluyn 1983, S. 314) auf den Erklärungsversuch von Pritchard hin, der ein sumerisches Wortspiel im babylonischen Schöpfungsepos *Dilmun* aufgreift. Doch weder er noch das *NIDOTTE* (Beleg in Anm. 6) können eine plausible Verbindung aufzeigen. Das *Dilmun*-Epos weist zwar Anklänge an die biblische Schöpfungsgeschichte auf, doch das Element der Rippe taucht z. B. in der Fassung nach http://www.tharea.de/Religion/Dateien/SUMERER.HTM gar nicht auf. Daher erscheint mir die Parallele konstruiert zu sein. Auch die Verweise auf andere Sprachen des Vorderen Orients (s. *Koehler-Baumgartner, NIDOTTE)* helfen nicht weiter.

[5] Luise Löbbe-Laabs nennt in ihrem Buch *Fromm und Frau* sowohl die Rippe als auch die Seite, ohne

auf die Diskussion näher einzugehen (Christliches Verlagshaus/Edition Anker, Stuttgart 1994, S. 18). In diesen Wochen der Abfassung erscheint übrigens auch die *Bibel in gerechter Sprache,* die ebenfalls in 1. Mose 2,21–22 das Wort *zela* mit „Seite“ übersetzt (Gütersloher Verlagshaus 2006).

[6] *New International Dictionary of the Old Testament Theology and Exegesis* (NIDOTTE), Band 3, Paternoster, Carlisle 1997, S. 811 (Artikel 7521). Der erwähnte Ausleger: V. P. Hamilton: *The Book of Genesis.*

[7] Pinchas Lapide: *Ist die Bibel richtig übersetzt?,* Band 2, Gütersloh 1994. Zitierte Passagen aus S. 19–20.

[8] Plato: *Gastmahl (Symposion),* 190a-191d.

Kapitel 5: Ein Mann erkennt sein Glück

[1] Bonhoeffer: *Schöpfung und Fall,* S. 73.

[2] Nachzulesen in Kommentaren zu 1. Mose 2,23, z. B. bei Bräumer: *Wuppertaler Studienbibel,* S. 80 oder bei Gordon Wenham: *Word Biblical Commentary,* Word Books, Waco 1987, S. 70.

[3] Was hier mit der „Objektivität“ des Mannes gemeint ist, ist die eher analytisch-sachliche Betrachtungsweise. Jede Wahrnehmung, sei sie eher sachlich-distanziert oder eher persönlich, ist eine *Annäherung* an die Wirklichkeit. In der Synthese verschiedener Wahrnehmungen wird das Bild der Wirklichkeit vollständiger.

[4] Keil: *Genesis,* S. 62.

Kapitel 6: Ein Bündnis wird geschlossen

[1] Hebräisch *dbk.* In der griechischen Bibel steht übrigens *kollao,* das mit dem französischen „coller" verwandt ist, das wir von dem Wort „Collage" (dt.: *Klebe*arbeit) kennen.

[2] Ausgabe vom Juli 2006, S. 26, zitiert nach *Adam Online* Nr. 8 (September 2006), S. 7.

[3] Barth: *KD III/4,* S. 148.

Kapitel 7: Paradiesische Geborgenheit

[1] Mehr zur Sexuellen Revolution und zum Schamgefühl liest sich z. B. eindrücklich bei Christa Meves: „Plädoyer für das Schamgefühl" und „Befreite Sexualität – Paradies oder Gefahr?" in: *Plädoyer für das Schamgefühl und weitere aktuelle Beiträge,* Weißes Kreuz, Vellmar-Kassel 1985, S. 9-41.

[2] Der Begriff bezieht sich auf ein Experiment des russischen Forschers Iwan Petrowitsch Pawlow, der damit nachwies, dass Hunde bei entsprechender Konditionierung bereits mit Speichelfluss reagierten, wenn noch kein Futter in Sicht war: Pawlow hatte im engen Zusammenhang mit der Fütterung wiederholt einen Glockenton erklingen lassen. Nach einer gewissen Zeit reagierten die Hunde bereits auf den Ton mit dem natürlichen Reiz des Speichelflusses.

[3] Zum Beispiel Gilbert Bilezikian: *Beyond Sex Roles,* 5. Aufl., Baker Books, USA 1991, S. 30; Löber-Laabs: *Fromm und Frau,* S. 13, oder Strack-Billerbeck: *Kommentar zum Neuen Testament,* Band 3, S. 646: „Alles,

was nach einem andern geschaffen worden ist, herrscht über dies."

[4] Zum Beispiel Keil: *Genesis,* S. 63; Edith Stein: *Die Frau in Ehe und Beruf,* Freiburg 1963, S. 136, oder James Hurley: *Man and Woman in Biblical Perspective,* Grand Rapids 1981, S. 207. Kritisch beleuchtet wird diese Position bei Marilyn Smith/Ingrid Kern: *Ohne Unterschied? – Frauen und Männer im Dienst für Gott,* Brunnen Verlag, Gießen 2000, S. 34, und Elke Werner: *Frauen verändern ihre Welt,* Hänssler, Holzgerlingen 1999, S. 221. Strack-Billerbeck zum Schöpfungsbezug in 1. Timotheus 2,13, S. 645: „Zugrunde liegt der Gedanke, dass das früher Erschaffene wertvoller ist als das später Erschaffene."

Kapitel 8: Der Tag, an dem alles schiefging

[1] Apokryphes Buch Jesus Sirach 25,24, andere Belege bei Klaus Thraede: „Frau", in: *Reallexikon für Antike und Christentum 8,* 1972, Sp. 257, und Ingetraut Ludolphy: „Frau – in der alten Kirche", *TRE (Theologische Real-Enzyklopädie),* Band 11, S. 436ff. Darstellung auch bei Lutz von Padberg: *Feminismus – Eine ideologische und theologische Herausforderung,* Evangelische Gesellschaft, Wuppertal 1985, S. 33-34.

[2] *Meyers Großes Konversations-Lexikon,* Ausgabe von 1905 (6. Aufl. 1905–1909, digitale Sonderausgabe: Zweitausendeins, CD-ROM), Artikel „Eva".

[3] Tertullian-Zitat bei Auke Jelsma: *Heilige und Hexen – Die Stellung der Frau im Christentum,* Christliche Verlagsanstalt, Konstanz 1977, S. 90 (ohne weiteren

Beleg – nach dem *Kirchengeschichtlichen Kompendium* von Sommer/Klahr, Vandenhoeck & Ruprecht, Göttingen 1994, S. 31, sind Tertullians Schriften zwischen 195 und 220 n. Chr. entstanden).

[4] Nach Thraede: „Frau", zitiert nach Padberg: *Feminismus,* S. 34.

[5] Sarah Moore Grimké, zitiert nach *Powerfrau – mit Geist und Charme,* Coppenrath, Münster 2003 (ohne Seitenzahlen).

[6] Aus der Vorlesung „Urgeschichte" von Helmuth Pehlke, gehalten im Sommersemester 1997 an der Freien Theologischen Akademie Gießen.

[7] Aus den Tischreden Luthers: *Sämtliche Schriften,* Band 22, Nachdruck der 2. Aufl., Verlag der lutherischen Buchhandlung Harms, Groß-Oesingen 1987, S. 179 (Spruch 86). Rechtschreibung angepasst.

[8] In den Versen 14–19 (1. Mose 3) sind durchweg Imperfekt-Formen verwandt (oder das entsprechende Perfekt Konsekutivum), die jeweils futurisch *oder* modal (jussivisch) verstanden werden können.

Kapitel 9: Ringen mit Paulus

[1] Nachzulesen sind diese gnostischen Neuinterpretationen der Welterschaffung bei Kroeger & Kroeger: *Lehrverbot für Frauen? – Was Paulus wirklich meinte,* Brockhaus, Wuppertal 2004, S. 236-259. In den Details fallen sie sehr unterschiedlich aus, z. B. gibt es in manchen Erzählungen neben der Erlöser-Eva eine zweite Eva, die schon vor Adam da war. Manchmal ist die Schlange als Erkenntnisbringer positiv dargestellt und steht in direkter Verbindung zu Eva. Auf-

fallende Übereinstimmung herrscht in dem genannten Punkt, dass Adam für sich hohl und tot ist und erst durch die höhere Geistigkeit der Eva zum Leben erweckt wird.

[2] Vgl. die Texte zu Ältesten und Bischöfen (andere Übersetzungen: „Aufseher") und die Einsetzung von Timotheus und Titus. Junia (Römer 16,7) war meiner Meinung nach eine Frau, allerdings keine Apostelin, sondern „bekannt bei den Aposteln". Phoebe war nach Römer 16,1 Diakonin, doch das Diakonenamt zähle ich nicht zu den obersten Leitungsämtern.

Kapitel 10: Zurück an den Herd?

[1] Nach der Studie von Shaunti Feldhahn: *Männer sind Frauensache,* Gerth Medien, Asslar 2006, S. 63f.

[2] Aus: Gertrud Oheim u. a.: *Die gute Ehe,* Bertelsmann 1959, leicht gekürzt zitiert nach „Aufbruch ins Gestern", *Spiegel* 3/2006, S. 78.

[3] Padberg kommt zu folgendem Ergebnis: „Das arbeitsteilige Leben in der Familie war die Regel, der Mann war weder ein Haustyrann noch die Frau seine Sklavin." *(Feminismus,* S. 37). Er spricht von einer „rauen und geneigten Gleichheit" (S. 40).

[4] Christa Meves: „Leiden an der Emanzipation", in: *Zur Emanzipation verurteilt,* Gerd-Klaus Kaltenbrunner (Hg.), Herder, Freiburg 1975, S. 89f.

[5] Präsident Lette in Berlin, nach *Meyers* 1905, Artikel „Frauenfrage".

[6] Helene Düvert: *Die Frau von heute – ihr Weg und Ziel,* 5. Aufl., Verlag Gottlob Koezle, Wernigerode (o. J.), Zitate aus S. 57, S. 10, S. 11 und S. 10.

[7] Amalie Lauer: *Die Frau in der Auffassung des Nationalsozialismus,* Köln 1932, S. 35, zitiert bei Padberg: *Feminismus,* S. 49.

[8] Siehe z. B. die acht Lebensbilder im Buch *Die Frauen der Nazis* von Anna Maria Sigmund, Ueberreuter, Wien 1998.

[9] Düvert: *Die Frau von heute,* S. 11.

[10] So gehört auf einem Gastvortrag von Alice Schwarzer an der Uni Gießen am 11.7.2006, Philosophikum II, Hörsaal A025.

[11] Übersetzt aus dem lateinischen Original von Ludolphy: „Frau", TRE 11, S. 438 („vir est principium mulieris et finis" – „deficiens et occasionatum").

[12] Minderwertigkeit wird wissenschaftlich auch *„Inferiorität"* genannt, Überlegenheit *„Superiorität"*. „Geistige Inferiorität des Weibes" wörtlich z. B. bei Paul Möbius: *Schwachsinn* (s. u.), S. 28; „Superiorität des Mannes" z. B. im schon erwähnten Bibelkommentar von Keil, S. 63. Für das Mittelalter s. Padberg, *Feminismus,* S. 36.

[13] Paul J. Möbius: *Vom physiologischen Schwachsinn des Weibes,* Nachdruck, Weltbild/Bechtermünz, München 2000.

[14] Möbius: *Schwachsinn,* S. 34 und S. 28. Ähnlich Arthur Schopenhauer über die Frau: „eine Art Mittelstufe zwischen dem Kinde und dem Manne, als welcher der eigentliche Mensch ist", zitiert bei Wilhelm Weischedel: *Die philosophische Hintertreppe,* 24. Aufl., dtv, München 1994, S. 222.

[15] Möbius: *Schwachsinn,* S. 36.

[16] Möbius: *Schwachsinn,* S. 50. Ich zitiere hier immer aus der gleichen Schrift, habe ähnliche Aussagen und Argumente aber auch an anderen Stellen gelesen bzw.

gehört. Auch der Anhang der 8. Aufl. vom *Physiologischen Schwachsinn,* der viele kontroverse Besprechungen und Leserbriefe abdruckt, lässt den Eindruck aufkommen, dass Möbius mitten im Diskussionsfeld seiner Zeit stand.

17 *Meyers* 1905, Artikel „Geschlechtsunterschiede".

18 Neuer: *Mann und Frau in christlicher Sicht,* S. 42–45 (Zitat S. 45).

19 In einem Interview bei Johannes B. Kerner im ZDF am 12.9.2006. Ihr Buch *Das Eva-Prinzip* konnte bei der Abfassung leider nicht berücksichtigt werden, da es zu kurzfristig vorlag.

Kapitel 11: Brauchen wir ein weibliches Zeitalter?

1 Alle Zitate vom 11.7.2006, Gastvortrag an der Uni Gießen, Philosophikum II, Hörsaal A025.

2 Aus *Männer ... und was Frauen von ihnen halten,* Coppenrath, Münster 2002, S. 40. Das Zitat wird in *Powerfrau* übrigens Anna Moffo zugeschrieben.

3 Aus: *Frauen ... und was Männer von ihnen halten,* S. 37.

4 Ausführungen zum feministischen Denken über sexuelle Belästigung bei Arne Hoffmann: *Sind Frauen bessere Menschen?,* Schwarzkopf & Schwarzkopf, Berlin 2001, S. 221–222.

5 Für den ganzen Absatz: Arne Hoffmann: *Sind Frauen bessere Menschen?,* ähnlich auch bei Martin van Creveld: *Das bevorzugte Geschlecht,* Gerling Akademie, München 2003.

6 Edith Thomas: *Geistliches Frauenleben,* Lutherhaus-Verlag, Hannover 1954, S. 63.

[7] In einem Interview im Bahn-Kundenmagazin *mobil,* 2005, S. 78.

[8] „Für Sie“ 1/2006, S. 59.

[9] Zitat nach: *Powerfrau.*

[10] Aus: *Powerfrau.*

[11] Matthias Horx an vielen Stellen, z. B. zitiert in der „Für Sie“-Pressemeldung vom 25.8.2005 oder unter www.boocompany.com/index.cfm/content/story/id/12867. Ebenso äußerte sich auch Horst Köhler in einem FAZ-Interview, 11.5.2004.

[12] Nachzulesen z. B. bei Lutz v. Padberg: *New Age und Feminismus,* Schulte & Gerth, Asslar 1987, S. 39–46. Eine Stimme aus anthroposophischer Sicht: Dorothea Rapp: „Die Zukunft ist weiblich – Auf den Spuren einer Vision“, nachzulesen unter www.geistesleben.com/diedrei/drei199 (Ausgabe 1/99, Thema „Das weibliche Jahrtausend“).

[13] Hier zitiert nach Ludwig Hasler: „Mann, oh Mann!“ in: *buchjournal* 4/2005, S. 65.

[14] Hier zitiert nach *Männer … und was Frauen von ihnen halten,* S. 46.

[15] *Der Spiegel,* 41/2005, Appetizer im Inhaltsverzeichnis zum Titelthema „Wozu Sex?“.

[16] Zitate aus seinem Artikel „Mann, oh Mann!“ in *buchjournal* 4/2005, S. 64-65.

[17] Beispiel von einem Vortrag vom 22.02.2006 von „Dr. Arnold, Theologe und Psychotherapeut“ (oder verbirgt sich dahinter eine Frau?) am St. Josef-Krankenhaus in Wien (Information aus einer Internetankündigung).

[18] Hasler: „Mann, oh Mann“, S. 65.

[19] Zitat aus *Alice im Männerland,* zitiert nach dem Internet-Abdruck der Laudatio zum Staatspreis des

Landes Nordrhein-Westfalen 2004. Sinngemäß wiederholte sie das Gleiche auch auf dem oben beschriebenen Hörsaalvortrag im Juli 2006.

[20] Richard Rohr: *Der wilde Mann. Geistliche Reden zur Männerbefreiung,* Claudius, 20. Aufl. 2000; Larry Crabb u. a.: *Das Schweigen der Männer,* Brunnen Verlag, 2. Aufl. 1997; John Eldredge: *Der ungezähmte Mann,* Brunnen Verlag, 7. Aufl. 2003; Leanne Payne: *Krise der Männlichkeit,* Asaph 2002.

[21] Zusammengefasst nach Lutz v. Padberg: *New Age und Feminismus,* S. 35–37. Das angestrebte „matriarchalische Paradies“ wird von einer Vertreterin des Feminismus z. B. mit den Worten beschrieben: „von unzerstückelter Liebe und heilendem Eros getragen“, ebenda.

[22] Georg Huntemann: *Die Zerstörung der Person,* Bad Liebenzell 1981, S. 97f.

[23] Ernest Borneman: *Das Patriarchat – Ursprung und Zukunft unseres Gesellschaftssystems,* Frankfurt 1975, S. 520.